I0675581

NUESTRA **HISTORIA** DE LA **ATLÁNTIDA**

Discovery Publisher

Título original: Our Story of Atlantis
2019, Discovery Publisher

Para la edición española:
©2019, Discovery Publisher
Todos los derechos están reservados

Ninguna parte de este libro puede ser reproducida en forma alguna, ni en ningún medio electrónico o mecánico incluidos medios de almacenamiento de información o sistemas de recuperación de datos, sin el permiso escrito de la editorial.

Autor: William Pike Phelon
Traductor: Julian Riveros
Redactora: Magaly Poleo

616 Corporate Way, Suite 4888
Valley Cottage, New York, 10989
www.discoverypublisher.com
edition@discoverypublisher.com
facebook.com/discoverypublisher
twitter.com/discoverypb

New York • Paris • Dublin • Tokyo • Hong Kong

TABLA DE CONTENIDOS

PRÓLOGO 3

CAPÍTULO I: LA ATLÁNTIDA PERDIDA 7

MEMORIAS ATLANTES 21

CAPÍTULO II 23

CAPÍTULO III 32

CAPÍTULO IV 41

CAPÍTULO V 53

CAPÍTULO VI 57

CAPÍTULO VII 65

CAPÍTULO VIII 73

CAPÍTULO IX 77

CAPÍTULO X 81

CAPÍTULO XI 93

CAPÍTULO XII 97

CAPÍTULO XIII 101

CAPÍTULO XIV 107

CAPÍTULO XV 115

CAPÍTULO XVI   123

CAPÍTULO XVII   129

CAPÍTULO XVIII   131

CAPÍTULO XIX   135

CAPÍTULO XX   139

CAPÍTULO XXI   141

NUESTRA **HISTORIA**
DE LA **ATLÁNTIDA**

PRÓLOGO

En estos días no es necesario decir siempre que un autor escribe basado en su propio conocimiento. Esto se ha convertido en un hecho reconocido. Puede escribir desde la experiencia de otro, en cuya honestidad y fiabilidad tiene tanta y a veces más confianza que en su propio sentido personal.

Este es el caso de este pequeño libro, que trata de un tema de interés para el mundo entero hoy en día. Durante seis años he tenido el manuscrito casi listo para imprimir. Ahora, con el apoyo y la ayuda de mis Queridos Camaradas de la Hermandad Hermética, estoy dispuesto a dejarlo ir.

Que sea una ayuda para el NACIMIENTO ATLANTE DE UNA VEZ, dondequiera que estén.

W. P. PHELON, M. D.

Atlántida IMPARCIAL, ¡un país sin igual!

Arrullado entre los brazos del mar,

durmiendo bello y resplandeciente.

Lejos. Bajo el ruido del temporal;

libre de toda calamidad.

En tus paisajes había amor y tranquilidad.

¡Ahora, por encima de ti perdió la Atlántida!

Rueda por los mares llenos de vivacidad.

En esas historias, en parte tradición,

con su mítico hilo de oro resplandeciente,

encontraremos el nombre, la historia y la creación

de tus ciudades, hermosas, antiguas y florecientes;

el bardo soñador con sus relatos de ficción

un trovador errante te cantaba,

ahora, por encima de ti, Atlántida extraviada,

rueda el mar lleno de vivacidad.

Cada corazón tiene un país así;

algunos Atlantes amaron y perdieron.

Donde sobre los relucientes bancos de arena

una vez que la vida está en el océano;

las ciudades poderosas se alzaron en esplendor.

El amor era monarca de ese clima.

Ahora, por encima de esa Atlántida perdida

rueda el inquieto mar del tiempo.

Feliz aquel que mira hacia atrás

desde una vida de mayor alcance

contempla una fantasía ociosa y juvenil

su continente perdido de la esperanza;

o a la luz del amor y la alegría,

encuentra su actual y sublime moranza.

Me alegro de que sobre su Atlántida

rueda el inquieto mar del Tiempo.

CAPÍTULO I
LA ATLÁNTIDA PERDIDA

¿Por qué se escribió este libro? es la pregunta más relevante que se le puede hacer a un autor al principio de su redacción. Se repite una y otra vez por críticos y lectores después de la publicación. Y esta pregunta está ciertamente justificada cuando los temas tratados por el libro están fuera de lo común, como lo es en este caso.

Los rastros escritos dispersos del pasado que provienen de este período histórico aparentemente solo aportarían poca información para escribir un artículo de revista interesante, pero breve, y ciertamente no sería suficiente para escribir un libro.

Sin embargo, nuestros científicos más sensatos reconocen ahora que cada configuración, así como las circunstancias que le corresponden, sugieren la existencia de una isla tan vasta como un continente en las cercanías del gran archipiélago de las Indias Occidentales, o incluso directamente situada en él. Así, toda la configuración del continente norteamericano cuenta la historia del mar interior que cruzó sus barreras en la región de las Mil Islas para desembocar en el río San Lorenzo antes de desembocar en las Cataratas del Niágara, dejando atrás el Valle del Mississippi, en el que los hombres pudieron asentarse.

Los textos sagrados de todas las naciones coinciden en que una catástrofe de gran envergadura afectó a una parte de la Tierra y, de forma general, a su totalidad. En un número reciente de la revista

Mind, se publicó un artículo titulado *Un homenaje a la Atlántida*[1] en el cual se puede leer: «Un notable descubrimiento de gran interés para los historiadores, especialmente para los especialistas en antigüedades, fue realizado recientemente por el famoso arqueólogo Augustus Le Plongeon. Este descubrimiento debería atraer particularmente la atención de los estadounidenses ya que les permite exigir uno de los monumentos más importantes de la antigüedad. El edificio en cuestión es la Pirámide de Xochicalco, construida a unos 1645 metros sobre el nivel del mar, al suroeste de Cuernavaca, a unos 95 kilómetros de la ciudad de México. Durante más de un siglo, distinguidos investigadores, entre ellos el erudito Humboldt, dirigieron expediciones para estudiar esta pirámide pero ninguno logró descubrir la razón por la que se había erigido este monumento, ni descifrar las inscripciones grabadas en sus lados».

En 1886, el Dr. Le Plongeon ya había publicado su clave de cifrado para los jeroglíficos mayas comparándolos con la escritura hierática del antiguo Egipto. A partir de se momento descubrió que los símbolos presentes en la Pirámide de Xochicalco eran a la vez mayas y egipcios y después de un cuidadoso estudio de estas inscripciones decorativas, era obvio para él, que esta pirámide era un edificio monumental erigido para conmemorar la sumersión y destrucción del continente de Mu (la Atlántida de Platón) y de su población de 64 000 000 personas, hace unos 11 500 años.

En su obra notable *La reina Moo y la esfinge egipcia*[2] el Dr. Le Plongeon ofrece cuatro explicaciones mayas diferentes de la misma catástrofe. Esta es, por tanto, la quinta y, según él, representa la más

---

1. *A Monument to Atlantis.*

2. *Queen Moo and the Egyptian Sphinx.*

importante de todas las huellas escritas conocidas en lengua maya en relación con el horrible suceso del origen de la historia del diluvio universal, que se puede encontrar en los libros sagrados de los judíos, cristianos y mahometanos.

Todos estos rastros escritos, grabados en piedra, ladrillos secos y papiro, cuentan la misma historia. La poca información que tenemos sobre los aztecas también lo confirman. ¿De dónde vino este pueblo proveniente de América del Sur con su civilización avanzada y sus tradiciones del pasado? ¿Qué pueblo poderoso construyó las grandes ciudades y sus templos, ahora cubiertos por la selva de Yucatán y Centroamérica, con sus glifos tallados similares a los jeroglíficos del valle del Nilo y los entablamentos de las Indias Orientales y que, además, están en edificios con una arquitectura similar a la de Egipto y la India? ¿Es razonable asumir que no haya existido ningún vínculo común entre todas estas semejanzas? El pensamiento del antiguo Egipto ha dominado el mundo hasta el día de hoy. Nuestros muertos yacen en ataúdes en lugar de reposar en sarcófagos. La idea es la misma, que el fantasma del difunto puede ahorrarse la molestia de crear un nuevo cuerpo, tal vez en el último momento, para el gran día de la resurrección.

La unidad de la Trinidad de Dios, que es universalmente reconocida hoy en día, fue una idea egipcia y se puede encontrar plasmada en las tablas de piedra desenterradas por Le Plongeon y su gentil esposa en los bosques de los mayas y quichés.

Si esta nación, cuyos hallazgos son solo escasos vestigios, no ha desaparecido tras un apogeo catastrófico, sin duda deberíamos tener datos históricos más recientes. Puesto que el espíritu de la generación actual está más ansioso que nunca por conocer la verdad, la idea de una presentación y percepción astral tiene su importancia, especialmente porque los libros de la sabiduría del pasado dicen que todos los actos y manifestaciones que ocurren en la Tierra se registran automáticamente en archivos.

Sería legítimo preguntarse por qué aquellos que se han unido al resto del lo invisible les interesa el florecimiento y el desarrollo de la especie humana que siempre se empeñan en avanzar su camino por los senderos tortuosos del planeta. Si la doctrina de la reencarnación es verdadera, ¿no sería de interés de los egos futuros que la especie humana esté lo más avanzada posible para que estos seres reencarnados ocasionales puedan gozar de mejores condiciones de vida posibles, en contacto con la Tierra y en cualquier momento. Si formaran parte de las clases sociales avanzadas y cultas de la Atlántida y de los comienzos del antiguo Egipto, aquellos que regresasen a la civilización actual disfrutarían de una vida más cómoda, gracias a nuestros diversos entretenimientos y actividades, que si hubieran sido arrojados en medio de los horrores y tinieblas de la Edad de Piedra.

De vez en cuando, me he sentido atraído por la información y datos útiles, a partir de los cuales escribí este libro ya que sería interesante para todos aquellos que buscan SABER. No dudo ni de la autenticidad de mi información ni de los hechos ratificados por las personas que gentilmente han hecho del escritor su portavoz a través de esta colección de recuerdos antiguos.

No me cabe duda que muchos lectores se emocionarán con visiones fugaces de estas escenas, como si hubieran participado en ellas. Es comúnmente aceptado que nunca ha habido, desde la caída de la Atlántida, tantos atlantes reencarnados al mismo tiempo en la Tierra que hoy. Esto explica el interés casi universal en el conocimiento olvidado de las ciencias ocultas que está registrado en los anales akáshicos, así como la disposición de las mentes de las personas para recibir conocimiento de las doctrinas de la curación psíquica, el espiritualismo, la teosofía y todas las ramas del ocultismo.

La teoría de la Atlántida de Ignacio Donnelly es apoyada por Sir Daniel Wilson, rector de la Universidad de Toronto, quien afirma, después de numerosas investigaciones, que la ciudad perdida de la Atlántida no era un mito y que formaba parte del continente americano. Él explica su desaparición de una manera diferente pero esto es solo un aspecto secundario.

Según la teoría de Donnelly, este continente fue sumergido por una terrible erupción volcánica, y la tradición del diluvio fue transmitida por los sobrevivientes que se habían refugiado en Europa y Asia. Sir Daniel rechaza esta explicación porque no hay ningún rastro de semejante actividad volcánica ni en los continentes ni en los fondos marinos. Según él, los habitantes del antiguo Egipto, el pueblo más progresista y osado de la antigüedad, habían descubierto este continente, pero debido al debilitamiento de sus conocimientos y poder, se perdió de vista; sin mencionar el hecho de que este continente existía en una época en la que nuestros conocimientos sobre Egipto solo se resumía en vagas tradiciones.

Él cree que deberían buscarse las huellas de los egipcios de esta época en las ruinas de las ciudades de América Central cuyos orígenes nunca han sido determinados y nunca han estado en el centro de ninguna teoría seria. Gracias a tal descubrimiento, la leyenda de la Atlántida descansaría sobre bases serias y esta teoría despierta un nuevo interés por estas maravillosas ruinas a los ojos de los anticuarios.

En el periódico *St. Louis Republic* se puede leer: «La Atlántida era un continente que supuestamente existió en una época muy antigua en el Océano Atlántico, frente a las Columnas de Hércules», pero que luego se sumergió durante un cataclismo del que no hay rastro en la historia. Platón fue el primero en mencionarlo y se dice que había obtenido sus informaciones de algunos sacerdotes egipcios con los que estaba en contacto. Esto es lo que él afirma: «La Atlántida era un continente más extenso que Asia y África juntas y en su extremo occidental se hallaban islas que permitían circular fácilmente a un continente situado aún más lejos. Actualmente se supone que este último continente mencionado es Sudamérica». Nueve mil años antes de la época de Platón, según la tradición, la Atlántida era un país poderoso y densamente poblado que se había expandido hacia África y en una parte considerable de lo que hoy es Europa «e incluso llegó hasta el Mar Tirreno». El progreso de la invasión de los atlantes se ha visto limitado por los esfuerzos combinados de los atenienses y de otros griegos. Poco tiempo después que los invasores fueran expulsados de Europa y África, un terrible terremoto sacudió la Atlántida desde el centro hacia la circunferencia del país. Primero se hundieron las islas periféricas, luego se sumergieron grandes áreas del continente a su vez. Olas tan altas como montañas rompieron varios centenares de kilómetros cuadrados que, en la víspera, eran aún campos fértiles. Los grandes templos fueron devastados y destrozados y la población aterrorizada escaló las ruinas para huir de las aguas invasoras. El segundo día, después de una noche de terror que ninguna palabra podría describir, las sacudidas del terremoto se volvieron aún más violentas y solo se detuvieron una vez que el continente quedó completamente sumergido. Ninguna página de la historia o de la tradición da testimonio de una catástrofe más espantosa que esta y nada sería más cautivador que una obra enteramente dedicada a un relato que reúna la información que tenemos sobre este acontecimiento.

A los detractores que proclaman que los exploradores del mundo entero no han encontrado rastro alguno de este gran continente ni de su ciudad (cuya historia trataré de contar en las páginas siguientes) permítanme proporcionarles algunas ramitas flotando en el mar de nuestra literatura actual, que prueban que la historia del pasado todavía está presente en la región central de nuestro continente:

«El testimonio reciente del descubrimiento de una ciudad olvidada desde hace mucho tiempo en medio de las montañas del estado de Sinaloa, en México, por un ciudadano de los Estados Unidos coincide con una curiosa tradición local de la región. El estado vecino al sur del estado de Sinaloa es Jalisco cuya capital es Guadalajara. En las montañas de Jalisco, que forma parte de la gran Sierra Madre, que se extiende a través de Sinaloa y continúa hacia el norte, viven los rebeldes yaquis, un pueblo de pelo castaño, ojos claros y tez igualmente clara. Guadalajara es la única ciudad civilizada donde se dirigen los yaquis y desde hace mucho tiempo se pensaba que sus guaridas fortificadas en la Sierra Madre no solo ocultan minas ricas en plata sino también la ciudad perdida de los aztecas. Nadie ha logrado todavía cruzar las tierras salvajes de las montañas ya que la el pueblo despojado de los yaquis está equipado con un sistema eficaz de resistencia pasiva que hasta ahora ha bloqueado con éxito la única línea de aproximación. Fuera de los yaquis, los únicos seres humanos admitidos en las montañas de Jalisco son unos pocos apaches renegados, asesinos miserables, infinitamente más peligrosos para los exploradores potenciales que el pueblo pacífico pero tenaz de los yaquis.».

Aquellos que han tomado un interés cercano en este asunto no tienen ninguna duda del hecho que los aztecas descienden directamente de la poderosa nación que buscaba conocer lo que estaba más allá de la ley que gobierna todas las creaciones. A continuación se presenta una descripción adicional, tomada de otra fuente, de la ciudad desconocida mencionada anteriormente:

«Durante mis frecuentes visitas a México», le dijo un ingeniero de las minas de Filadelfia a un periodista del periódico *Philadelphia Inquirer*, «conocí a muchos habitantes indios que me contaron algunas historias únicas. Una de ellas, en el que todos los indios están de acuerdo, habla de una enorme ciudad tierra adentro que ningún hombre blanco ha visitado nunca. Se cuenta que está poblada por una raza similar a los antiguos aztecas que veneran al Sol y ofrecen sacrificios humanos a su divinidad.

«Esta raza parece haber alcanzado una etapa de civilización avanzada y los indios aseguran que su ciudad está llena de enormes estructuras, verdaderos milagros de una arquitectura bella y extraña a la vez que se encuentran en amplias calles pavimentadas que superan con creces la calidad de las que se encuentran en la Ciudad de México.

«Recuerdo que uno de los indios me afirmó que había visto esta ciudad y a sus habitantes con sus propios ojos pero que luego huyó por miedo a ser capturado. Obviamente no lo creía, pero, a pesar de todo, ¿no es un poco extraño que todos los relatos de los indios de México sobre esta misteriosa y magnífica ciudad interior coincidan perfectamente.».

Estos testimonios son solo una parte de las múltiples alusiones y tradiciones que sugieren la existencia de un pueblo, en algún lugar del suroeste, que conocería con precisión la evolución de acontecimientos en la historia de la Atlántida desde su época dorada hasta nuestros días. Y aunque solo haya una ciudad aislada del mundo actual y habitada por los guardianes de la sabiduría antigua, todavía existen ruinas de tal magnitud que nos consolidan la idea que la gente que las construyó no podría haber desaparecido completamente de este continente. Aquí, como evidencia adicional, hay un testimonio de San Diego, en California, que llama la atención sobre el hecho de que el dragón es un motivo preferido en la escultura de las Indias Orientales:

«Las ruinas de una ciudad prehistórica acaban de ser descubiertas por un grupo de buscadores de oro de Yuma que se encontraban en el desierto de Colorado en busca de la mina Pegleg. El viento había revelado muros y restos de edificios de piedra que miden unos 128 metros de largo y 79 metros de ancho. Gigantescos pilares, extrañamente esculpidos para representar cabezas de dragones y serpientes de cascabel, todavía permanecían en las arenas del desierto y en sus cimas había enormes bloques de granito que pesaban varias toneladas. Los frisos decorativos se asemejaban a esculturas egipcias y habían sido realizados con una habilidad inigualada de los actuales artesanos indios. Se habían encontrado fragmentos de cerámica bajo los escombros y con las piezas de frisos fueron llevados a esta ciudad por uno de los miembros del grupo. Uno de estos asociados vino a San Diego y los otros regresaron a Yuma hace casi dos semanas. Pero su descubrimiento se mantuvo cuidadosamente en secreto con la esperanza de que pudieran beneficiarse de alguna manera.

«Estos investigadores, acompañados por otras cuatro personas, regresaron luego al desierto para explorar las ruinas. Fueron empujados por una tormenta de arena y llegaron a esta ciudad hoy, pero estudiarán las ruinas minuciosamente más tarde, durante la temporada en la que las condiciones sean favorables para una exploración exhaustiva. En vista de las reliquias devueltas, es evidente que se ha hecho un importante descubrimiento arqueológico».

Luego de la lectura de este testimonio, notamos una particularidad con respecto a las circunstancias de la tormenta de arena. Siempre ha sido así. Una tormenta o cualquier otro fenómeno natural aparece repentinamente y retrasa cualquier esfuerzo para llegar a estos maravillosos vestigios de ciudades prehistóricas, incluso actuales. Cuando los hombres estén listos para buscarlos, en busca de conocimientos y no de tesoros, entonces las claves para revelar los misterios del pasado serán entregados a aquellos que los merecen y nuestras teorías escritas en este libro serán ampliamente corroboradas. Lo que sigue es otro relato de un notable descubrimiento que da testimonio de la inmensa población del antiguo reino de la Atlántida durante su apogeo. Esta vez viene de la Ciudad de México, el corazón de las modernas civilizaciones atlantes o aztecas:

«Lo que parecía ser la verificación de una antigua fábula azteca sobre un pueblo sepultado de trogloditas y una ciudad oculta en el suroeste de México ahora interesa a los científicos locales. L.P. Leroyal, un ingeniero francés que ha vivido en la República de México durante mucho tiempo acaba de regresar de las salvajes tierras del suroeste e informa que descubrió una enorme cueva natural en el estado de Guerrero que sería, en su opinión, la más grande de México, incluso del mundo. Afirma que es mucho más grande que las famosas cuevas de Cacahuamilpa, ubicadas al sur de Cuernavaca, que hasta entonces eran conocidas como las cuevas naturales más grandes de México. Leroyal, después de haber recorrido una distancia considerable en el interior de la cueva, decidió estudiarla detalladamente, y por lo tanto, hace unos días, trajo suficiente comida para un día, linternas, etc., y comenzó su tarea solo. Durante su exploración, hizo un plan riguroso de la cueva pero no esperaba que su tarea fuera tan ardua. Al principio, el suelo de la cueva descendía gradualmente, luego ascendía, antes de alternar la mayor parte del tiempo entre descensos y ascensos. Sin embargo, la cueva era a veces muy amplia. Su altura variaba, como era de esperar de una cueva natural. En algunos lugares se elevaba a varios cientos de metros. Desde cierta distancia de la entrada, todos los rastros humanos desaparecían. De vez en cuando aparecieron espléndidas estalactitas y estalagmitas, las más bellas que Leroyal había visto jamás.

«Después de haber avanzado durante varias horas, descubrió por casualidad lo que era obviamente un antiguo cementerio, porque había por lo menos 400 cadáveres petrificados, acompañados de viejos ídolos, etc. También había una fuente por donde corría agua de fuente cristalina y deliciosa. Leroyal trajo consigo algunas herramientas, así como dos o tres cráneos que se encuentran ahora en esta ciudad. El aspecto de esta fosa común, explicada por primera vez en siglos, era macabra en el mejor de los casos y había sido estudiada para estremecer a los exploradores. Leroyal continuó su exploración horas tras horas. No fue hasta que cubrió una distancia de al menos veintiún leguas y media que decidió detenerse y comenzar su viaje de regreso. Por lo que podía ver, la distancia que había que recorrer aún podía ser considerable, con posibilidades de encontrar una abertura ya que el suelo parecía haber sido pisoteado por los humanos. Volvió sobre sus pasos lo más rápido posible y, después de pasar más de veinticuatro horas bajo tierra, se encontró en la entrada de la cueva. Leroyal prometió realizar exploraciones más profundas en breve. Un equipo totalmente aprovisionado para la exploración de esta maravillosa cueva de los muertos debería ser preparado bajo la dirección de Leroyal y los resultados de esta excursión serán esperados con gran interés. Los indígenas de la región, y de hecho la población indígena de México en general, creen que en algún lugar cerca de la costa suroeste de México se encuentra una gran ciudad blanca con innumerables tesoros que ningún hombre blanco ha visto jamás y su acceso es tan complejo y astutamente escondido que ningún extraño ha entrado nunca en esta ciudad aislada».

Con toda esta creciente cantidad de información sobre el tema, parecería que los esfuerzos por reunir conocimientos sobre la poderosa Atlántida son bienvenidos. Mi respuesta a la pregunta «¿Por qué se escribió este libro?» es comenzar estos esfuerzos y entonces llamar la atención sobre estos conocimientos.

Fuera del oscuro pasado, los viejos recuerdos vienen a mí;

desde donde la luz en toda su gloria parecía estar,

mientras la gente adoraba cerca de los rayos del Sol resplandecientes

y los coronados de loto aclamaban con alegría los días festivos relucientes.

Lira dorada, con su rico y armonioso compás

tocando la nota clave, reinaba en el mundo sin igual.

En lo alto, se eleva la canción de la Vestal,

mezclándose con las ondas en las orillas bañadas por el mar.

Desde el Templo flotan las campanas con sonido angelical,

tan profundas y suaves en ese tiempo Atlante ancestral.

A lo largo del tiempo, aún persisten estos viejos recuerdos

y rondan a mi alrededor sin ningún esfuerzo.

Todavía late el ritmo de las olas en mi corazón,

esas olas dormidas que se convirtieron en nuestras tumbas con aflicción.

Otra vez. Oigo los alegres hosannas al Sol manifestarse,

MEMORIAS ATLANTES

Isis en el santuario, bajo los ojos humanos siempre vigilantes,

que no mostraban ninguna advertencia en el tono celeste del cielo;

ni oyeron el murmurar en el Océano azul y quieto:

tampoco escucharon el susurro del viento que soplaba con libertad,

hablando de la perdición que la bella Atlántida iba a presenciar.

Estoy agradecido de que se revelen las puertas de la remembranza,

de que los grandes ángeles tejan los hilos dispersos de la esperanza,

y nos vistan con sus túnicas de nieve blanca especial

mientras en nuestro altar resplandece de nuevo la luz sobrenatural.

La estrella radiante, que brilló en Egipto en una ocasión,

brilla una vez más, con un mensaje revelador.

Humilde en el Templo, la melodía está presente,

el dulce sonido de la campana se rompe en el aire silente,

entre el incienso que surge de nuestro Santuario celestial,

las viejas glorias atlantes rodean nuestro mundo espiritual.

CAPÍTULO II

Todavía quedan algunos fragmentos de información entre las tormentosas olas de desarrollo humano que completan nuestro primer capítulo y que deben ser detallados ahora o dejados totalmente a un lado. Gracias a dos fuentes diferentes, podemos describir una antigua ciudad mexicana en la que ningún hombre blanco jamás ha entrado y cuyos orígenes se remontan a mucho antes de la conquista española: «El Señor Juan Álvarez, que acaba de regresar de una expedición de exploración en el suroeste de la República, relata el descubrimiento de una ciudad que ningún hombre blanco ha explorado jamás y que obviamente había existido durante cientos de años, mucho antes de la conquista española del país. Se trata de una antigua ciudad azteca y la naturaleza protege tan bien los alrededores que es imposible acercarse a ella sin el permiso de sus habitantes.

«La ciudad se encuentra en las montañas casi inaccesibles situadas en el extremo suroeste del país y está tan lejos de la civilización que pocos hombres blancos se han aventurado en el área circundante. Fue solo por pura casualidad que Álvarez notó la presencia de una ciudad en los alrededores y, una vez que la encontró, todos sus esfuerzos para llegar a ella fueron en vano debido a la tenaz resistencia de los nativos.

«Viajaba por las montañas en busca de una desembocadura al Océano Pacífico, cuando llegó a la cima de una meseta alta y alcanzó su borde más lejano. Disfrutaba de una magnífica vista y, mientras echaba un vistazo al paisaje, veía lo que le parecían ser casas en un valle lejano. Un examen cuidadoso con binoculares confirmó que se trataba en realidad de un grupo de casas, e inmediatamente se dispuso a averiguar quién vivía en esa parte del país.

«Después de días de dura escalada a través de acantilados y montañas, llegó a un lugar que ofrecía un panorama de la ciudad que normalmente estaba atravesada por calles y poblada por una raza evidentemente civilizada. Las casas eran de piedra y estaban rodeadas de jardines donde crecían flores y arbustos. El gusto de los habitantes se manifestaba por todas partes en la ciudad y era obvio que acababa de descubrir una ciudad desconocida para el mundo exterior.

«Un examen minucioso de la zona le reveló que la ciudad estaba dentro de un anfiteatro natural y solo era accesible desde un lado. Vio que solo podía ser podía acceder desde un largo y estrecho desfiladero que llevaba a las montañas desde la costa del Pacífico y se dirigía hacia el lugar donde estaba la entrada. Hizo un boceto de la ciudad tal y como la veía desde la cima de la remota montaña en la que se encontraba y se trata de la única prueba de la presencia de una ciudad en el corazón de las montañas ya que nunca llegó a alcanzarla».

«Basado en este boceto, es obvio que la ciudad está habitada por al menos cuatro mil personas. Todas las casas son de piedra y están equipadas con puertas y ventanas. En el centro de la ciudad había un gran edificio, sin dudas el templo de un culto porque en sus paredes había motivos tallados con la efigie de la divinidad. Tenía la forma del antiguo teocallis, que se puede encontrar en muchas partes del país, y la gente entraba y salía a cualquier hora del día.

«Después de diez días de laboriosos esfuerzos, Álvarez llegó al pie de la ladera oeste de la montaña y salió en busca del cañón que conducía a la ciudad. Había diseñado el terreno tan bien que no tuvo problemas para encontrar la entrada pero fue recibido por un grupo de indios que se negaron a dejarle pasar.

«No mostraron violencia pero le exigieron que se devolviera. Álvarez les dijo que venía de las montañas y que no sabía por dónde regresar.

«Después de ponerse de acuerdo, los indios le dijeron que permanecería como prisionero por algún tiempo. Dos corredores fueron enviados a las montañas y regresaron en un día con órdenes de una persona de alto rango. Le vendaron los ojos a Álvarez y lo subieron a una mula. Viajó durante tres días y solo le quitaron la venda por la noche.

«Al cuarto día le dijeron que se quitara la venda y cuando lo hizo se encontró al borde del Océano Pacífico. Los indios se habían ido, dejándole sin nada que le guiase al lugar donde había visto la ciudad».

Esta ciudad está totalmente descrita en *Los Futuros Gobernantes de América*[1] y ha sido visitada por ciento de personas autorizadas.

Nuestro último extracto describe otra ciudad majestuosa, obra de la poderosa nación cuya capital, ubicada en la gran isla de la Atlántida, ejercía su poder tanto en el este como en el oeste y es lo que vamos a tratar de relatar:

«Los arqueólogos americanos que visitaron la ciudad recientemente descubierta en las montañas de la Sierra Madre están de vuelta y hablan de otra ciudad oculta a cinco leguas al norte de la primera. El líder del grupo C. W. Pantion de Filadelfia afirma que estas ciudades eran las capitales gemelas de una provincia rica mucho antes de la

---

1. *Future Rulers of America.*

llegada de los aztecas. Están conectadas por pasadizos subterráneos excavados en la roca y es durante la exploración de uno de ellos que se descubrió la segunda ciudad. Se encuentra en una profunda cuenca montañosa, sin otro acceso que el túnel subterráneo. O al menos no se encontró ninguno.»

Puesto que hemos obtenido información de todas las fuentes visibles disponibles, me gustaría ahora extraer información los registros akáshicos que considero fiables y dignos de confianza.

Todas estas pruebas de la similitud de la naturaleza y la civilización al oeste de la gran ciudad, que no podría haber comerciado con la madre patria durante siglos, ¿no demuestran definitivamente, incluso a los ojos de la gente realista y científica, la existencia de un origen común en las enseñanzas religiosas, costumbres y lenguas, tanto oral como escrito? Todos los hallazgos sobre este tema confirman esta hipótesis. Estamos en deuda con aquellos que, impulsados por un deseo irresistible, tienen sed de aprendizaje y conocimiento. Aquellos que, con este fin, están dispuestos a expatriarse, a enfrentarse a los peligros y a superar las dificultades a las que se enfrentan, para llegar, gracias a algunos consejos fortuitos, a exponer a la vista de todos ciertos rastros del pasado, que fueron abandonados de la puesta del sol del mundo espiritual manifestado sobre la temblorosa Tierra.

A los ojos del pueblo ario, que escucha con entusiasmo, se puede aprender mucho de esta antigua ciudad. No importa cómo la ciencia y la religión reciban lo que se les ofrece, si lo admiten científicamente o si lo aceptan como algo verdadero y de valor proveniente de lo invisible. La ciencia y la religión nunca han aceptado nada nuevo que haya sido obtenido a través de razonamientos inexplorados a menos que sea forzado.

Por esta razón los sacerdotes de todas las épocas demuestran semejante conservadurismo y han optado por ser mucho más silenciosos de lo que deberían haber sido, incluso sobre su pensamiento conservador. Una de sus reglas ha sido siempre permanecer fieles a las creencias que habían terminado por poseerlas, cumplidas y satisfechas de no buscar nuevas bases para la reflexión y de no permitir que otros profundicen la verdad.

Todo el conocimiento jamás aprendido, que distingue la barbarie de la civilización, estaba en posesión de los sabios de la Atlántida. Siempre que aparecían suficientes atlantes en la Tierra, ya sea para controlar una nación o para formar una por sí mismos, esa nación o esa época siempre experimentaba un crecimiento excepcional. Los últimos días de esplendor egipcio, cuando los griegos y romanos acudieron a esta escuela para recibir enseñanzas, corresponden a la última reaparición conocida en la historia de un número suficiente de atlantes para permitir el control de una nación. Nos dejaron las pirámides, el templo de Karnak, así como las majestuosas ruinas del Nilo y del Éufrates como su herencia.

Tan pronto como las razas de la lengua anglosajona fueron suficientemente civilizadas, los atlantes comenzaron a reaparecer, sorprendiendo ocasionalmente al mundo entero con sus grandes avances en el ámbito de la sabiduría y el conocimiento, mientras que a través de las conquistas y los descubrimientos abrieron lentamente el camino al poblamiento y reocupación de las regiones que les pertenecían, así como al uso de sus antiguos recursos, todo en circunstancias diferentes a las del pasado, ya que poseían fuerza y experiencia adicionales. Es la única forma de explicar el debilitamiento y el exterminio de los usurpadores de piel roja, que no tenían ni el derecho ni la fuerza para reclamar la zona donde se habían extraviado por casualidad durante la ausencia temporal de los verdaderos propietarios.

Los niños rojos del bosque no merecían tanta compasión. La ley tenía que ser respetada: los que no dominan los recursos del medio ambiente tendrán que cederlos a los que puedan. ¿De qué manera nuestras grandes reservas de recursos minerales y agrícolas habrían ayudado al desarrollo humano si nunca se hubieran utilizado? La diferencia entre los indios americanos y los atlantes anglosajones es obvia incluso para los intelectos más limitados.

A medida que la ciudad de Atlántida se desarrollaba, su población se dispersó en colonias que ejercieron una profunda e inquebrantable influencia sobre todo el continente occidental, pero se concentró particularmente a lo largo de la región en la que se encontraba la propia Atlántida.

Entre la desaparición de la última civilización egipcia y el ocultamiento de los anales del mundo al mismo tiempo, hay un vacío misterioso, que solo puede justificarse de una manera. Cuando la Atlántida estaba en su apogeo, algunas naciones del mundo no eran tan avanzadas como esta. Si la Atlántida hubiera continuado su curso, todas las demás naciones del mundo habrían recibido la luz y se habrían elevado a un nivel casi similar al suyo, pero cuando la oportunidad de desarrollarse desapareció todas se hundieron en una relativa oscuridad. Cuando esta categoría de personas volvió a encarnarse en gran número, acontecimientos como la conquista de Roma por los godos y vándalos, la invasión de Europa por los hunos y la aparición de los tártaros ocurrieron innumerables veces. Aunque desaparecieron de la visión de los mortales, solo se puede admitir la uniformidad de su objetivo y constatar el hecho bastante pertinente de que el deber inconcluso de los atlantes del pasado distante es el origen de todos sus males, para ellos y para sus camaradas y asociados. ¿No hemos comprendido que ningún ser humano está separado de nosotros mismos? Los errores deben ser reparados. Es la ley eterna de la verdadera justicia.

Mientras estos impedimentos irracionales que bloqueaban el progreso desaparecen en lo invisible, la influencia intelectual de los atlantes renace tras su dominación o el rechazo de todos aquellos que los superaron. Poco a poco, estos «compañeros de la ignorancia» se beneficiaron de la influencia edificante de los «hijos de la luz», y cada generación ve crecer la oleada rompiente de personas educadas y espirituales, que acabará por abarcar a todas las naciones, lenguas o pueblos de los habitantes de la Tierra. La nación americana ha contribuido enormemente al despertar espiritual del mundo entero. Así podemos comprender fácilmente por qué el gran poder destructivo que esclaviza las almas se dirige contra nosotros.

En la antigüedad, cuando la luz de la civilización brillaba en Roma y Atenas, o más tarde en Antioquía y otras ciudades, estos lugares de aprendizaje resplandecían y atenuaban la oscuridad, como las luces de un faro en lo alto de una colina. Pero compárelo con los acontecimientos de hoy. Una nación unificada y compacta, similar a la antigua Atlántida, nació en una isla de difícil acceso. Y sin embargo, logró extender su poder en el mundo entero. Aunque el nombre *inglés* es odiado, su poder siempre se respeta. Esta nación no solo está presente en todas partes, sino que también es la fundadora de la nación americana con la que une sus fuerzas para inculcar una civilización y corrientes de pensamiento comunes en los cuatro rincones del mundo.

La libertad del cuerpo mental y las capacidades de la mente que fluyen de él, han atraído una vez más al continente americano al mayor número de atlantes encarnados al mismo tiempo desde la caída de su ciudad. Así, todos sus inventos, sus conocimientos, su sabiduría y los resultados de su fuerza mental, modificados y perfeccionados por la asimilación de cientos de años de reposo en Devachán, caen sobre la nación como un verdadero diluvio, porque con sus manos extendidas reclaman del silencio lo que habían depositado en los anales akáshicos mucho antes.

A menudo nos sorprenden los acontecimientos vinculados a los descubrimientos, o la aplicación de principios perfectamente lógicos e interrelacionados. Ciertamente hemos llegado a un punto en el que se intenta adivinar los usos y métodos de aplicación de este vehículo de fuerza del que tanto sabían los atlantes y, en su deseo de saber más, descubrieron que un límite les impedía profundizar en su conocimiento. Ya tenemos otra bajo control, y solo deseamos que las personas capaces de aventurarse en esta dirección puedan hacerlo con un cuerpo, alma y espíritu tan puros que no se preocupen por el obstáculo que los primeros investigadores de nuestra nación sufrieron en este asunto.

Esta época es tan famosa en comparación con los tiempos más recientes debido a los hechos mencionados. Como se ha predicho muchas veces, vemos el final de un ciclo en un futuro próximo. Los resultados catastróficos, tierras que se hunden en algunos lugares o se elevan en otros, son inminentes. Cuando las ciudades situadas de una manera particular están pobladas por habitantes que no tienen otras concepciones que las de sus deseos egoístas, entonces las vibraciones de sus pensamientos ya no están en armonía con las vibraciones de los pensamientos universales. Si esta discordia se mantiene lo suficientemente fuerte como para extenderse al suelo sobre el que se asienta la ciudad, esta base también estará sujeta a las vibraciones en el plano natural de la liquidez y esto podría generar graves consecuencias.

Solo el Consejo de los Siete Grandes Constructores conoce el desenlace que le espera al período actual. Pero esto es lo que sabemos: dentro de unos cien años, incluso antes, la Atlántida se elevará por encima de las aguas. Todo lo que se encuentre en sus monumentos o templos en ruinas podrá entonces ser estudiado.

Dentro de 500 años, la mayor parte de la población estará al sur del ecuador, lo que ahora está cubierto de agua se convertirá en tierra firme, y el antiguo continente de Lemuria volverá a ser el hogar de millones de personas. Los científicos dicen que el momento en que todo el oro, la plata y el carbón habrán sido extraídos ya está determinado. ¡Pero qué falta de previsión! Bajo el mar hay mil veces más tesoros nunca revelados por el hombre.

CAPÍTULO III

A principios de los años 1870, después de mucho tiempo dirigiendo toda mi atención a los negocios, se había vuelto imperativo descansar y cambiar de aire, por lo que mi médico me aconsejó viajar a la costa. Le mencioné este proyecto a un amigo en Nueva York que tenía barcos. Me ofreció el puesto de sobrecargo en uno de sus barcos que se preparaba para partir hacia San Francisco «bordeando el Cabo de Hornos». Acepté esta oportunidad con entusiasmo porque me motivó y me mantendría ocupado hasta que me llegase la hora de viajar.

Mis preparativos fueron breves. Nuestro barco salió del puerto de Nueva York el 15 de junio de 1872.

Mientras el último faro desaparecía lentamente bajo las olas y la luna llena se elevaba en los cielos, observaba la tierra alejarse, lejos de imaginar los momentos memorables y las fantásticas revelaciones que me esperaban a lo largo de este viaje antes de regresar a tierra firme. Las siguientes páginas son solo una burda descripción. Pero en la vida siempre es así, experimentamos encuentros y separaciones, vamos y regresamos. El resultado de estos encuentros y el sufrimiento de estas separaciones son inexpresables al hablar pero ¿cómo podemos saberlo? ¿Quién nos dirá, o nos advertirá, del futuro inminente, con su parte de felicidad o desgracia?

Aunque nuestra embarcación se dedicaba al transporte de mercancías, se me había informado de la presencia de un solo pasajero que, con el permiso especial del propietario, ocuparía la única cabina disponible. El resto del espacio libre estaba reservado para los oficiales del barco del cual yo formaba parte. Conocí a este hombre en el momento de su embarque pero, demasiado preocupado por alguna preocupación del momento, me conformé con la habitual e insignificante respuesta: «Encantado de conocerte». Pero entonces recordé la elegante dignidad y cortesía que emanaba de él y el extraño e indescriptible escalofrío que me recorría cuando le estreché la mano, el tipo de escalofrío que, afortunadamente, sentimos una o dos veces en nuestras vidas cuando nos encontramos con las personas responsables de lo más extraordinarias y beneficiosas de nuestro desarrollo.

De pie, meditando frente a la rampa de la bomba, recobré el conocimiento al escuchar mi nombre, que me llamaba claramente, con una voz profunda y melodiosa, con un ligero acento extranjero. Mirando a mi alrededor, me enfrenté a mi interlocutor, que continuó:

«Veo que estás dejando atrás una parte de ti mismo».

«¡Oh!, solo una pequeña parte, respondí, pero reflexionaba sobre la certeza de las separaciones y en la incertidumbre de los encuentros».

«¿No crees que solo nos separamos permanentemente de nuestros amigos cuando no tenemos nada más que aportarnos el uno al otro? ¿Que mientras tengamos cosas que lograr juntos, inevitablemente las volveremos a ver?».

«Sí,» le dije, «es posible pero es la incertidumbre humana lo que entristece».

Observaba plenamente a este hombre que me atraía de forma indescriptible, cada vez más con cada palabra que pronunciaba y lo que vi quedará grabado para siempre en mi memoria. Alto y casi perfectamente proporcionado. Ojos negros y de manera habitual benévolos, en los que uno podía fácilmente imaginar sus cambios de humor, cuando una justa indignación o ira justificada agitaba sus profundidades. Llevando una barba y pelo blanco un poco más largo de lo normal. Su apariencia poseía una fuerza majestuosa, una armonía serena, con una atracción sin igual en su deseo desinteresado de ayudar a los demás. Todo esto daba la impresión de que sabía mucho más de lo que confesaba incluyendo todos los temas de conversación que abordaba.

Su rostro era de esos que los niños adoran y que los bribones odian, entrañando tanto la ternura compasiva del amor de una madre como la rigurosa vigilancia de un padre. Durante la conversación, nuestra relación evolucionó del conocimiento más superficial a la amistad más inquebrantable. Y esto me asombró, porque no acojo ni concedo fácilmente mi amistad sino que me acerco lentamente a los que me honran con su buena voluntad.

Aunque estuvimos contemplando el océano durante algún tiempo, mientras la noche caía sobre el agua hasta que la cubría por completo, el silencio nos envolvió, acompañado por la extraña sensación de complacerse en la compañía del otro, aunque no se dijeran palabras y finalmente cada uno de nosotros regresó a su cabina para pasar la noche.

Como es habitual en el puesto que ocupaba, mis misiones durante el viaje eran casi solo nominales, aunque este tiempo libre compensaba la actividad frenética durante la recepción y desembarque de la carga o una parte de ella. Disponía por tanto del tiempo necesario para profundizar esta relación tan extrañamente iniciada. No tardé mucho en comprender que mi amigo era un erudito cuidadoso e incansable, y que aunque dominábamos muchos temas de interés común, también era instruido en otras áreas en las que yo era relativamente incompetente. Hablaba con mucha elocuencia y educación y estuvo encantado de responder a mis preguntas.

Era particularmente un experto en cosas del pasado, cosas que las generaciones actuales ya no piensan y olvidan y contaba sus historias como si las hubiera vivido él mismo, lo que se añadía un aspecto particular a sus descripciones. Más tarde entendí la razón, aunque al principio creí el objetivo era hacer las historias más animadas y agitadas.

Cuando era niño, siempre me había sentido fascinado por toda la información que podía encontrar, durante mis lecturas o conversaciones sobre la Atlántida. Pero al crecer, rodeado de las ideas materialistas de las escuelas modernas, llegué a considerar lo poco que sabíamos sobre la antigua amante de los océanos como historias fantásticas, incluso totalmente increíbles.

Después de cuatro o cinco días en el mar, mientras conversábamos sentados en la cubierta trasera, una palabra intercambiada durante nuestra conversación me empujó a hacerle esta pregunta directamente:

«¿Cree que un país como la Atlántida existió alguna vez?».

«Sin duda», contestó con calma y decisión.

«Pero, ¿no cree un continente entero podría haber desaparecido completamente bajo las aguas como lo cuenta la leyenda sin dejar rastro alguno de su presencia, como ocurre hoy en día?».

¿Y por qué lo encuentras imposible? ¿La historia sabe algo de la ciudad que estuvo bajo la antigua Troya? ¿Sabemos quién y por qué razón se construyeron las pirámides de Egipto? ¿Qué sabemos de las ciudades construidas capa sobre capa en el Valle del Nilo? ¿Qué podemos decir de la cultura de los montículos en su país? ¿Qué sabe el mundo de Palmira, Babilonia o las grandes ciudades del valle del Éufrates? Si sus ruinas no hubieran sido tan accesibles, todos habrían caído en el mismo olvido que la Atlántida».

«Y», su rostro se suaviza con infinita compasión, «quizás dentro de cuarenta años tengamos derecho a una lección por haber negado nuestro pasado».

«Pero tal vez,» continuó, «¿les gustaría escuchar verdaderos testimonios de aquella época que nos ha llegado hasta el día de hoy, sobre un acontecimiento al que todos los seres vivos de este planeta están íntimamente ligados?».

A raíz de mi consentimiento entusiasta, recuperó de su camarote un libro en minúsculas letras negras, escritas según el estilo de escritura del Lejano Oriente, de derecha a izquierda en un pergamino. Lo abrió y leyó el siguiente extracto con su suave voz, traduciendo mientras leía:

«Frente a las Columnas de Hércules había una isla más grande que el continente africano y europeo juntos. Esta isla principal estaba rodeada de islas muchas más pequeñas, por lo que era fácil pasar de una isla a otra hasta llegar al continente más lejano. Esta isla era en realidad un continente y el mar era un verdadero océano al lado del cual "El Mar" de los griegos era solo una bahía con una desembocadura estrecha.

«Una federación de reyes reinaba en esta isla del Atlático y controlaba la isla más grande, muchas islas más pequeñas y algunas regiones del lejano continente. Estos reyes también dominaron sobre la parte de África que se encontraba más allá del Estrecho de Gibraltar hasta Egipto y en Europa hasta Etruria. Sin embargo, el progreso de esta invasión fue interrumpido por la heroica acción de los habitantes de Ática de la época, quienes, a la cabeza de los estados oprimidos, finalmente liberaron las regiones delimitadas por las Columnas de Hércules. Más tarde, estas dos fuerzas opuestas fueron destruidas por poderosos cataclismos, que las destruyeron en un día y una noche. Las características naturales de la Península del Ática fueron completamente modificadas y la Isla del Atlántico fue devorada por las aguas.

«En el centro de la Isla Atlántica había una hermosa llanura. En el centro de esta llanura, y a unos 9 kilómetros de sus límites, se levantaba una pequeña cadena de colinas. Aquí vivieron muchas generaciones del famoso pueblo atlante, cuya isla y océano se llaman Atlántico o Atlántida. Los Reyes en el poder siempre pasaban la sucesión a sus hijos mayores y sus hijos menores destinados a ser sacerdotes. Poseían riquezas incalculables, que ninguna dinastía ha igualado nunca ni obtendrá fácilmente. Estas riquezas provenían tanto de todas las naciones extranjeras con las que comerciaban los atlantes como de la propia Atlántida, particularmente rica en minerales, y poseía la única mina de oricalco conocida en el mundo, un mineral con propiedades excepcionales e inagotables, el metal más precioso después del oro.

«En la región también abundaban bosques y pastos. Además, había una multitud de elefantes, especias, gomeros y todo tipo de plantas aromáticas, flores, árboles frutales y vegetales de todo tipo, así como muchos otros productos alimenticios lujosos que este continente producía gracias a su clima favorable. Eran sagrados, hermosos, extraños e infinitos. No solamente los habitantes se beneficiaron de las ventajas naturales de su hermoso país, sino que también dieron muestra de una industria y un talento en ingeniería y en el arte de la construcción. En efecto, habían construido un palacio real en el centro de la isla y, uno tras otro, cada rey intentaba superar a su predecesor decorándolo y añadiendo nuevas partes al edificio, de modo que todos los que lo contemplaban quedaban mudos de admiración.

«El palacio real estaba intercalado con una sucesión de ríos y canales. Los puentes los cruzaban con regularidad, mientras que un enorme canal albergaba el barco más grande del mar, ofreciendo al palacio la protección de un puerto y al mismo tiempo facilitando la importación y exportación de mercancías. Al dar forma a estas vías navegables interiores, construyeron muelles tallados en la roca en los que sus trirremmes podían vaciar sus cargas.

«La piedra utilizada en la construcción de sus edificios era de tres colores: blanco, negro y rojo, por lo que muchos de sus edificios ostentaban colores vistosos. Sus paredes estaban cubiertas de cobre (que utilizaban como yeso), estaño y oricalco brillantes.

«Al noreste del centro del continente se encontraba el gran Templo. El interior estaba cubierto de plata, excepto los frontones y los pináculos que estaban cubiertos de oro. En el interior, el techo era un maravilloso mosaico de oro, marfil y oricalco, y todas las paredes, pilares y suelo estaban cubiertos de oricalco.

«Un sistema de acueductos que surgía de manantiales naturales de agua caliente y fría abastecían los baños y regaban sus preciosas plantaciones y jardines.

«Los muelles estaban llenos de productos marinos y navales de todo tipo nunca vistos por el hombre en esa época. La ciudad entera estaba llena de gente. El canal principal y el puerto más grande estaban repletos de barcos mercantes que regresaban o se preparaban para partir hacia todas las regiones del mundo. El ruido y el tumulto de este comercio reinaba todo el día y continuaba durante toda la noche». Esta es una visión general de su fabulosa ciudad.

«Concentrémonos ahora en el resto del país, era una región muy montañosa bordeada por costas extremadamente empinadas y la llanura alrededor de la ciudad estaba rodeada por una cadena montañosa que solo se abría a las puertas del mar. La llanura era plana y oblonga, extendiéndose de norte a sur. Se decía que las montañas eran las más notables del mundo por su número, tamaño y belleza. Todo el país era una sucesión incesante de pueblos ricos y prósperos, debido a la abundancia de ríos y lagos, prados y pastos para todo tipo de ganado y una gran cantidad de madera. Habían rodeado esta llanura con un enorme canal o arroyo de 31 metros de profundidad y 185 metros de ancho, y 2.012 kilómetros de largo. De este modo, el agua de las montañas podía circular a través de toda la llanura y mientras parte de ella desembocaba en el mar, el resto se reservaba para el riego. Al cultivar dos cosechas al año, podían duplicar su capacidad de producción.

«El sistema político de los atlantes fue una autocracia liderada por los Reyes y el sacerdocio formaba el consejo asesor sobre los asuntos de estado, hasta que el poder fue finalmente confiado al sacerdocio.

«Durante generaciones, soberanos, reyes y sacerdotes siguieron sus tradiciones ancestrales. Debido a que tenían ideas justas y muy nobles y mostraban clemencia y sabiduría práctica con respecto a las vicisitudes de la vida diaria y sus relaciones mutuas. Todo lo que les importaba era la virtud. Las cosas materiales eran de poca importancia para ellos y voluntariamente llevaban el peso de su riqueza como una carga. Tampoco estaban absorbidos por el lujo, pero se dieron cuenta lúcidamente de que el valor de la riqueza y de los bienes materiales aumenta con la amistad y la virtud recíprocas, mientras que la febril búsqueda de la riqueza corrompe los bienes y arruina las amistades. Así habían llegado a la cúspide de esta prosperidad.

«Pero cuando sus naturalezas mortales finalmente buscaron dominar y rechazar lo Divino dentro y alrededor de ellos, finalmente adoptaron un comportamiento aberrante y degenerado arruinando así lo más bello de sus bienes más preciosos, hasta que las destruyeron completamente».

«Se trata» dijo mi amigo, «de una descripción tan auténtica como cualquier nación cuya historia conocemos, ya que fue transmitida de padre a hijo en la antigua escritura atlante, que se desarrolló unos 25 000 años antes del comienzo de la era cristiana.».

En ese momento, cualquier tarea requería mi atención inmediata y cuando se levantó para volver a su camarote, me miró a los ojos y me anunció: «Si no me equivoco, su sed de información sobre este relato se saciará muy pronto.».

CAPÍTULO IV

Nuestra siguiente conversación no tuvo lugar hasta uno o dos días después porque parecía muy ocupado en su camarote con lo que parecía ser un viejo mapa y varios diagramas de cálculos cabalísticos, los cuales reconocí perfectamente ya que estaba interesado en investigar en esta área, y podía, hasta cierto punto, verificar algunas de las reglas de deducción cabalística más simples. Pero, como lo pude constatar, las operaciones que él estaba analizando eran extremadamente complejas y profundas y se referían a algunos de los secretos más grandes de la creación planetaria.

También notaba que aunque los problemas parecían muy abstrusos y complicados, él no parecía absolutamente perdido o confundido. La razón de su concentración era en realidad la duración del procedimiento.

Finalmente pareció lograr resultados satisfactorios, y guardó todas sus notas y datos. Subió al puente otra vez. Aunque desde hace algunos días había dejado de lado el resto de nuestra conversación sobre la Atlántida, él mostraba una expresión exaltada que añadía aún más encanto a la dignidad apacible de su rostro perfecto.

Como estaba tan absorto en sus ocupaciones, se me ocurrió que entre mis pertenencias tenía un libro extraño que había descubierto en una tienda de segunda mano en Boston con la intención de estudiarlo en mi tiempo libre. Ahora que mi curiosidad se despertó, lo saqué y leí muchos argumentos discursivos, incluyendo los siguientes párrafos relevantes:

«El cuarto continente, que todo el mundo está de acuerdo en llamar Atlántida, se formó por la coalescencia de muchas islas y penínsulas levantadas sobre el nivel del mar durante la evolución y que finalmente terminó por convertirse en el hogar de la gran raza atlante. Este pueblo se desarrolló a partir de un núcleo de la población de los lemurianos del norte, que se centraba en gran parte hacia un punto de tierra situado en el centro del actual Océano Atlántico.

«Es necesario tener en cuenta que los testimonios que nos llegan de los antiguos escritores griegos sobre la Atlántida abundan en contradicciones, algunos la designan como un vasto continente y otros como la última pequeña isla de Poseidonis. Platón, por ejemplo, resumió toda la historia del continente de la Atlántida, que se extiende a lo largo de varios millones de años, en un solo acontecimiento que localizó en la isla de Poseidonis (similar en tamaño a Irlanda) mientras que los sacerdotes siempre han descrito la Atlántida como un continente tan grande como Europa y Asia reunidos. Homero habla de los atlantes y su isla. Los atlantes y los atlántidos de la mitología se inspiran en los atlantes y los atlántidos del pasado. Obviamente, la historia de Atlas nos da una pista. Atlas es la personificación de los dos continentes de Lemuria y Atlántida en un solo símbolo. Los poetas atribuyen a Atlas, así como a Proteo, una sabiduría superior y un conocimiento universal y sobre todo un *perfecto dominio de las profundidades del océano* pues ambos continentes, desde donde se originaron las razas educadas por divinos maestros, se han hundido en el fondo de los océanos, donde de ahora den adelante dormitan hasta el día fijado en que emergerán del agua. Y así como Lemuria, destruida por los incendios submarinos, y Atlántida, sumergida por las olas, perecieron en el fondo de los océanos, se dice que Atlas se vio obligado a abandonar la superficie de la Tierra y reunirse con su padre Jápeto en las profundidades del Tártaro.

«Atlas puede igualmente personificar un continente occidental, que supuestamente sostiene tanto los cielos como la tierra, en otras palabras, los pies del gigante que pisan la tierra y sus hombros que sostienen el cielo aluden a los gigantescos picos de los antiguos continentes, el Monte Atlas y el Pico Tenerife. Estos vestigios reducidos en ambos continentes eran tres veces más grandes por entonces en Lemuria y dos veces más grandes en su momento en Atlántida. El Monte Atlas era la cumbre inaccesible de una isla en la época de Lemuria cuando el continente africano aún no había emergido.

«Lemuria ya no debe ser confundida con la Atlántida, como Europa y América». Los dos continentes se han hundido y han llevado consigo sus civilizaciones avanzadas y «dioses»pero unos 700 000 años separan los dos desastres.

«¿Por qué sus geólogos no consideran que continentes ya explorados y descubiertos hasta la fecha en cuyas entrañas han descubierto la época del Eoceno, podrían esconderse, en las profundidades insondables de los fondos marinos, de continentes mucho más antiguos cuyos estratos nunca han sido estudiados y que podrían un día quebrantar sus teorías actuales?».

Atónito por esta singular corroboración de la lectura anterior de mi amigo, sentí que en la primera oportunidad le haría más preguntas sobre este tema, sin imaginar que una oportunidad única era inminente.

Todo este tiempo, nos dirigíamos al sur a buen ritmo. Nuestro pasajero atraía tanto a los oficiales como a la tripulación y todos estaban listos para prodigar todas esas pequeñas atenciones que hacen que un extraño se sienta como en casa. Aclaro este detalle para aclarar ciertas situaciones que ocurrirán poco después.

Los vientos eran rápidos y favorables, pero a medida que nos acercábamos al Mar Caribe, se volvían irregulares, y después de cruzar parte de estas Antillas, la calma era plana. Nuestra nave se dirigía ligeramente hacia el sur, pero sin ningún progreso real. El tercer día, la luna llena había salido al mediodía y teníamos una latitud de 30° norte y una longitud de 42° oeste aproximadamente, cuando mi amigo me propuso ir con él a una isla de aspecto curioso, ubicada a poco más de 3 kilómetros hacia el oeste. Con mi consentimiento entusiasta, el capitán nos confió su canoa, y aunque también nos ofreció la ayuda de algunos miembros de la tripulación, nuestro amigo declinó, asegurando que él estaba acostumbrado al océano.

Nos fuimos en esta canoa, yo equipado con un par de remos y con él en los controles. Después de unos pocos golpes de remo, inmediatamente sentí que no era responsable del rápido impulso del barco. Eché un vistazo a mi compañero. Su cara mostraba una expresión extraña, que ya había observado en otras circunstancias.

Necesitamos muy poco tiempo para llegar a la isla, que, más cerca, parecía ser la cima de un enorme obelisco o pilar, ligeramente elevado por encima del agua. Los lados, aunque no muy altos, eran abruptos y empinados. Se hundían bajo la superficie de las aguas tranquilas, tan lejos como el horizonte. ¿Hasta dónde bajaron? No tenía forma de saberlo. Remamos lentamente alrededor de la isla. Tenía unos 45 metros de circunferencia. En el lado más alejado del barco, las condiciones meteorológicas habían erosionado irregularmente la superficie de la roca. Las prominencias visibles nos permitieron amarar la canoa a ellas y subir hasta la cima. No habría sido posible si hubiera habido el más mínimo oleaje, pero fue una tarea fácil en estas aguas mansas y tranquilas. Después de haber atado firmemente la amarra del barco a una protuberancia sólida, hicimos nuestro mejor esfuerzo para subir hasta la cima.

Para mi sorpresa, en lugar de ser plano, sólido y maltratado por las condiciones climáticas como esperaba, el suelo fue cavado en forma de tazón en el centro de la isla, y obviamente se llenaba de agua durante las tormentas, mientras se secaba bajo el sol ardiente. El fondo estaba actualmente seco. Mirando cuidadosamente a los lados, noté que no era una masa rocosa natural, sino de una estructura hecha de mampostería por manos expertas, tan perfecta y sólidamente construida que hasta ahora había desafiado la violencia más erosiva de las fuerzas de la naturaleza. El suelo estaba pavimentado con losas regulares. Casi conmocionado por este descubrimiento, me volví hacia mi compañero, pero mi exclamación de sorpresa se detuvo bruscamente ante sus hechos y gestos. En posición erguida, bien en el centro y mirando hacia el norte, guiado por una pequeña brújula y un pequeño cuadrado de pergamino en el que estaban escritos varios caracteres, giró 15 grados hacia el este y dio un paso adelante. Luego, girando otros 15 grados, dio otro paso. Repitió esta operación hasta que miró hacia el este. En posición erguida en este punto, su figura parecía expandirse y el perfil de su cara se volvió inmóvil y fijo. De repente, me di cuenta de que un gran disco de piedra había girado a sus pies, revelando una serie de escalones que conducían a una habitación situada en la parte baja. Volvió a él y me hizo una seña para que lo siguiera, y lentamente bajamos las escaleras hasta llegar a una antesala que conducía a una habitación más grande. Cuando colocamos nuestros pies en el suelo, una luz sin ningún origen en particular iluminó la pieza. El paso del tiempo había profanado todo lo que había allí. Pero como había sido herméticamente cerrado por las olas, el polvo que debería haber estado presente no se había acumulado en el aire. En el centro de la habitación había cinco asientos de piedra y sobre cada uno de ellos había una pequeña pila de polvo. Mi compañero, siempre callado, avanzó hacia el este y, mirando hacia los asientos, dibujó uno de los signos del Poder. Mientras lo hacía, pensé que había escuchado sollozos de alegría sofocados, pero no eran lo suficientemente claros como para estar seguro. Luego se dirigió hacia el lado opuesto de la pared, que estaba dividida en una serie de curiosos entablamentos, y accionó un mecanismo que, bien conservado a lo largo de los años, obedeció a la voluntad de este hombre excepcional. Una puerta se deslizó y abrimos el camino a una habitación que encontraba en la parte baja. Había siete asientos allí. Sobre cada uno de ellos estaban estos extraños y pequeños montones de polvo. Mi amigo repitió la señal que había hecho en la habitación de arriba, y un sonido similar a las vibraciones de un arpa eólica se elevó entonces y llenó la habitación, hasta que las paredes de la torre en la que nos encontramos temblaron. Se giró hacia el lado este del muro y recuperó una pequeña caja de piedra de un nicho. La sostuvo con cuidado y caminó de vuelta hacia el exterior, y lo seguí muy de cerca. Cerraba detrás de él todas las salidas con mucho cuidado, sellando una vez más todos los conocimientos y misterios que aquí se esconden para futuros descubrimientos. Una vez que el disco en la parte superior de la torre estaba de nuevo en su lugar, un rollo de color le fue dado por pequeñas manos invisibles. Luego dibujó en los bordes herméticamente sellados un personaje que se encendió en una llama plateada cuando apareció en la roca, y que dejó un rastro rojo sangre detrás de él. Luego nos dirigimos hacia el lugar donde nos esperaba nuestro barco, nos sentamos sin dificultad y lo salimos, con él en los controles como en el viaje de ida.

Por extraño que parezca, sin instrucciones o advertencias previas de su parte, no habíamos intercambiado ninguna palabra desde nuestra llegada hasta nuestra partida de esta pequeña isla. En lo que a mí respecta, ese silencio era involuntario. Sentí como si estuviera siendo arrastrado por un torbellino de recuerdos olvidados que me acosaban por todos lados. Estaba demasiado concentrado en mi fuero interior tratando de reajustar el pasado, el presente y las promesas del futuro para poder darme el lujo de sumergirme en una conversación. No podía luchar contra la impresión de que estas habitaciones de piedra eran, de una manera curiosa, parte de mí. Sabía que en el pasado conocía perfectamente la razón de su construcción, su utilidad así como la existencia de una especie de problema final, con repercusiones terribles y siniestras. Sabía mucho más que eso. Los cinco asientos de la habitación superior y los siete asientos de la habitación inferior estaban, en mi visión interior, ocupados por personas de apariencia borrosa, pero tan distintas que podía reconocer sus siluetas, como uno recuerda los rasgos de un amigo perdido hace mucho tiempo. Entonces surgieron sus nombres, como si nos hubiéramos separado el día anterior. ¡Oh, memoria eterna! ¿Fue ayer o hace varios cientos de años que contemplaba los rostros y siluetas de mis tiernos y sinceros compañeros? El sentimiento de la realidad presente, de un vínculo más fuerte que la amistad me abrumaba. Cuando mi amigo hizo la señal que describí anteriormente, me sentí liberado de una carga agobiante, como si una expiación acabara de terminar, como si un error acabara de ser rectificado, un error que, toda mi vida hasta ese momento, había entorpecido y limitado mi capacidad de evolución y todas sus energías. Todo esto, y muchas otras cosas que las palabras no podían reformular, fue lo que me silenció, mientras mi amigo lograba lo que había venido a buscar, convirtiéndome en su cómplice involuntario.

Sentado en la popa del barco, frente a mí, la caja de piedra en su regazo, me miró con una seria sonrisa y dijo:

«Hermano mío: Veo que mi confianza en ti no se basaba en meras suposiciones, sino en el conocimiento. Aprendiste bien la lección y pasaste la prueba final de silencio. También has demostrado tu lugar dentro de la gran Fraternidad, cuya carta original fue escrita por los Reyes atlantes. Saludos, Anciano Sabio.

«Al pronunciar estas palabras, su rostro se iluminó, como si estuviera animado por un fuego interior. El efecto que esta exaltación benevolente tuvo en mí fue indescriptible. Era como si un poder casi infinito se revelase de repente sin una pizca de arrogancia que lo acompañase. No pude dejar de responder:

«Tengo la sensación de que éramos hermanos, pero es un gran honor que me consideres así.»

«Antes de llegar al barco», continuó mi camarada, debo decirte que tu regreso a la torre del gran Templo de la Atlántida (en la que todos los miembros vivos de la Fraternidad más poderosa que haya existido alguna vez estuvieron reunidos durante el último y terrible cataclismo responsable de la desaparición del continente bajo las aguas) fue organizado con un propósito específico.

«Has entrado en las habitaciones de las tres, cinco y siete. Todo el continente sube lentamente. La cima de la torre, que tenía una base de 30 metros de diámetro y 64 metros de altura, resurgió. La cúpula transparente, que cubría la sala de tres, fue destruida por las olas. No sabemos si la mampostería de los pisos superiores soportará la erosión de las violentas tormentas tropicales a medida que suben lentamente a la superficie.

«La Hermandad pensó que lo mejor era recuperarlo» dijo tocando la cajita, «antes de arriesgarse a que se sumergiera y desapareciera para siempre en el estómago sin fondo del océano». Contiene el relato continuo más completo de los últimos años de nuestro país glorioso en el pasado, al que se puede acceder hoy.

«Las habitaciones en las que entramos fueron construidas para ser perfectamente herméticas e impermeables, y es por eso que se ha conservado hasta ahora. Debajo de la última habitación a la que fuimos estaba la de los quince, luego aún más abajo, la habitación de los cuarenta y cinco. No las abrí, porque me habían advertido que me arriesgaría a permitir que la presión del agua de debajo devastara todos los restos de esta antigua casa de la Fraternidad, lo que podría convertirse en prueba de nuestra existencia a los ojos de las generaciones futuras.

«Las pesadas obligaciones recaían sobre los hombros de los tres, cinco y siete. No podían liberarse plenamente de su responsabilidad a menos que se destruyeran los límites, como en la primera sala, o que un individuo con poderes entrara en su lugar de descanso final para darles la señal de liberación, como yo lo hice. Bajo las siete, la ausencia de estas condiciones permitió la absolución de los miembros de las otras salas y fueron entregadas poco después del cataclismo.

«Yo y el resto de la vieja fraternidad te conocemos muy bien, y tú fuiste elegido, como antes, para ser el portavoz de nuestra querida Orden en su nuevo encuentro con la humanidad y estamos seguros de que los errores de los sabios del pasado no se repetirán esta vez. Pero nos acercamos a la nave. El objetivo principal de nuestro viaje, la recuperación de aquellas historias que ningún ser vivo o muerto podría obtener sin tu presencia en carne y hueso, fue logrado. El viaje ha sido planeado y emprendido para este propósito y concluirá según lo planeado. Nuestro barco se encuentra actualmente sobre la entrada del gran puerto, en la desembocadura de las aguas que brotaban de la Atlántida, y desde donde pudimos ver, antes de la caída del continente, un magnífico panorama del lugar más hermoso en el que nunca había salido el sol.

«Solo pudimos lograr nuestra meta cuando se acercaba la luna llena, entonces la calma ha durado hasta ahora. Pero esta noche, cuando el sol se ponga, soplará una brisa, y a partir de mañana nuestro viaje puede reanudarse y llegar rápidamente a su fin».

No se me ocurrió a lo largo de esta intervención cuestionar ni sus afirmaciones ni la idea implícita pero indiscutible de ser uno de los cómplices voluntarios de este plan que había resumido rápidamente. Parecía obvio que el único propósito de mi viaje era lograr lo que acababa de escuchar por primera vez con mis oídos mortales. No, más aún, sentí un cierto entusiasmo, una dulce alegría por la idea de poder contribuir a esta tarea, de ser parte integrante del conjunto, sea cual sea mi misión. Sé que esta es una reacción muy improbable de mi parte, considerando lo que podemos inferir de la naturaleza humana. Pero dado que este caso se basa en hechos inusuales, no podemos confiar en los antecedentes o en el funcionamiento de leyes conocidas, y debemos basarnos en las leyes inexplicables de la naturaleza para entender este fenómeno.

Pero ahora estábamos cerca del navío, y los hombres se preparaban para subir la canoa a bordo. Una vez en el puente, mi amigo les presentó su caja como un curioso recuerdo de la pila de piedra a la que habíamos ido. Después de echar un vistazo, todos concluyeron: «Es un pedazo de roca sagrado, aunque parece un poco erosionado por el agua». Y así, un conocimiento de valor inestimable pasó fuera de su alcance para siempre, o por lo menos hasta que el horno eterno del fundador los preparó mejor para percibir esos tesoros que podrían ser accesibles a ellos en cualquier momento.

CAPÍTULO V

Mientras el sol se ponía hacia el oeste, un viento del noreste comenzó a entrar con fuerza en nuestras «velas golpeando en cámara lenta» y el hermoso barco reanudó alegremente su curso sobre las aguas.

La luna llena de los trópicos se elevó sobre el gran desierto de agua y mi amigo y yo nos sentamos en la popa del barco, discutiendo varios temas. De repente, como si alguien le hubiera recordado algo, dijo: «Sí, por supuesto, ahora mismo».

Unos instantes más tarde, la caja de piedra, que había visto en su camarote justo antes de la puesta del sol, fue puesta en sus manos tan rápidamente como si alguien hubiera ido a recogerla por las escaleras del camarote. En ese momento, estábamos aislados en la cubierta, así que nadie hizo ningún comentario.

En mi estado de ánimo particular, esto también me pareció perfectamente normal, al igual que lo que sucedió a continuación.

Mientras manipulaba la caja con sus manos, me mostró varios personajes y símbolos grabados profundamente en piedra. Él llamó la atención sobre la forma del globo alado y me dijo: «Este es el sello de nuestro antiguo hermano, el más erudito. Él conservó el contenido de la caja dirigido a la persona que conoce la contraseña. Veamos si podemos abrirlo.

«Pon la palma abierta de tu mano izquierda sobre la mía, con los dedos extendidos y pronuncia, si las oyes, las palabras que salen del silencio. Si eres el que esperaba, perfecto. De lo contrario, tendremos que ser más pacientes».

Extendió su mano izquierda, con la palma hacia arriba. Coloqué mi propia mano izquierda, palma contra palma. Al hacerlo, un ligero escalofrío atravesó mi cuerpo como una descarga eléctrica, pero más intensa. Sus ojos, brillantes con un resplandor penetrante, se fijaron en los míos. Entonces sentí otra mano apoyada en el dorso de la mía, y cerca de mí apareció una forma de la nada y al mismo tiempo pude ver, en toda su envergadura real, una silueta majestuosa a nuestro lado. Podía sentir, tan claramente como se podían sentir los rayos del sol, el resplandor de otro par de ojos similares a los de mi amigo físico que brillaba en las sombras.

Al mismo tiempo, una solemne canción musical resonó en mis oídos. Parecía entonces flotar en el aire, sobre una vasta ciudad que se extendía, en toda su belleza y esplendor, a lo largo de muchas leguas. Los tres estábamos siempre en la misma posición relativa. Había perdido toda conciencia de las diferencias de estados entre nosotros tres, idénticos a mis ojos en todos los sentidos. En ese momento, una sílaba, con una entonación indescriptible, se desprendió de los labios de mi amigo y cautivó mi atención. Inconscientemente pronuncié una sílaba con idéntica entonación, entonces, como el suave y límpido tañido de una campana de plata, la tercera sílaba resonó de la boca de nuestro hermano sin cuerpo, formando una palabra cuyos poderes prodigiosos reconocen todos los místicos.

Cuando la última nota resonó en el aire, la caja me vino a la mente. La vi abrirse lentamente, hasta que la tapa quedó completamente al revés y reveló un gran pergamino del papiro más delgado en el que estaban claramente escritos caracteres simples pero diminutos que databan, supusimos, de un período de transición de la civilización egipcia.

Mi amigo reverentemente sacó el pergamino de la caja. De este modo, una fragancia inimitable que perturbaba los sentidos perfumaba el ambiente. Con este precioso relato del pasado en sus manos, dijo:

«Por más de 29 000 años, hermano mío, este papiro ha permanecido en las sombras. Cuando fue encerrado en esta caja y sellada por última vez, los tres esperábamos impacientes, aún en nuestros cuerpos físicos, el logro de muchas cosas que estaban más allá del simple poder limitado de los mortales. Estoy muy contento de saludarte, mi compañero y hermano. No me equivoqué contigo, porque solo el poder de los tres puede revelar el contenido de la caja. Una vez que lea lo que hay en él, depende de ti mantenerlo a salvo. Comenzaremos nuestro trabajo mañana y le dedicaremos seis de las primeras horas del día».

CAPÍTULO VI

Así que comenzamos nuestro trabajo de traducción y reescritura a la mañana siguiente. Él traducía y yo escribía lo que me dijo en taquigrafía. Al principio el proceso era bastante lento, debido a que mi técnica de escritura estaba algo oxidada, pero a medida que volvía mi habilidad, nuestra velocidad se aceleraba.

El manuscrito era un relato completo de todo lo que concernía a este maravilloso país, cuyos temerarios líderes, como muchos otros que buscaban manifestar poderes extraordinarios, se enfrentaban a límites insuperables, arrastraban con ellos a su país y condenaban a todos sus habitantes a desastres irreparables, porque no tenían la omnipotencia necesaria para llevar a cabo sus proyectos. Pero no iré más allá y dejaré que mis lectores descubran la historia de la Atlántida y la historia de las razones secretas que llevaron a la caída final, ya que las he copiado de las notas de este viaje inolvidable. El manuscrito comienza con una invocación de su escriba, como sigue:

«Yo, Tlana, escriba de los Tres poderosos, a quien se le ha encomendado esta tarea, contaré en este documento la historia de mi amado país. Este testimonio contribuirá a la enseñanza y a la iluminación de mi pueblo en los lejanos siglos venideros, cuando sus habitantes ya no se conformen con el pan para revivir sus recuerdos. Para ello, solicito la ayuda y orientación necesaria de la Hermandad de lo Invisible y lo Visible, que pronto caerá en lo Invisible, de los Dioses de Sabiduría y del Poder y del Supremo Todopoderoso, a fin de poder reportar los detalles más importantes e instructivos concernientes a las actividades y condiciones de nuestra nación, desde sus orígenes hasta nuestros días. (Alrededor del 29 000 AC).

«Nuestro continente corresponde al perfil general de los otros continentes que hoy aparecen en la superficie de la Tierra. Tiene aproximadamente 1.609 km de ancho en su punto más ancho y 4 828 km de largo en su dimensión más amplia. Su superficie es principalmente plana y está compuesta por vastas llanuras fértiles. Pero en el oeste, norte y este, el país se vuelve montañoso. Desde estas montañas, un río y sus afluentes actúan como una cuenca y drenan casi toda la longitud del continente. Esta agua, desviada por un canal artificial y sus esclusas, forma el gran puerto de la ciudad de la Atlántida, que se extiende desde este canal, en el noreste de la parte central del continente, hasta las estribaciones de la parte alta del país. Entre estas montañas se construyó el gran Templo dedicado al OM, que es el Único, el Todo.

«Nuestros testimonios del pasado no se remontan al origen de la ocupación de esta tierra por el hombre y solo el poder de percepción de nuestros sabios nos permitió tener una idea de este comienzo. Digamos que cuando los hombres de la Quinta Raza necesitaban un hogar, lo encontraron aquí. Su evolución ha sido uno de los desarrollos más importantes. Podríamos así calificar las condiciones actuales como el resultado de las fuerzas mentales de la nación más poderosa del mundo conocido.

«La fertilidad de nuestra tierra es inigualable en el planeta. Las diferencias de altitud sobre el nivel del mar permiten una gran variedad de climas y todo lo que crece en las otras regiones del mundo también florece aquí, de forma exuberante y perfecta. No necesitamos importar productos cultivados de otras naciones.

«La cantidad y abundancia de nuestras reservas minerales, que nos llegan de las entrañas de la tierra, son incomparables. Tenemos todos los metales que se pueden encontrar en la superficie de la Tierra. También tenemos uno que no ha sido descubierto en ningún otro país. Tiene la ductilidad y el color del cobre así como la firmeza del hierro. Lo llamamos Orichalcum..

«La fauna del continente está compuesta por todas las especies animales existentes, que fueron transportadas desde aquí a todas las regiones del mundo, para encontrar un nuevo hábitat y servir a los hijos de los hombres, ya sea por trabajo o por placer. Desde aquí se distribuyó todo. Todo el conocimiento y la sabiduría obtenidos a través de la experiencia fueron transmitidos libremente a aquellos que los necesitaban. En resumen, todo lo que la humanidad posee, sean cuales sean las cantidades, nosotros también lo poseemos en abundancia, mucho más de lo necesario. Ningún Estado, nación o potentado ha acumulado tanta riqueza, es decir, excedentes de productos de todo tipo, como los que tenemos hoy.

«Solo la palabra *inmenso* podría realmente describir nuestras obras públicas. Ninguna nación ha soñado con tener un templo como el nuestro y mucho menos de construir uno como el nuestro. Las residencias privadas de nuestros ciudadanos, incluso la de los más pobres, se eclipsan, por la belleza de su arquitectura y la calidad de sus materiales, los hogares de reyes de muchas otras naciones. No piense que estoy tratando de denigrar a otros países o alardear el nuestro, solo estoy diciendo la verdad de la manera más perfecta y honesta posible.

«En las montañas se encuentran manantiales calientes y fríos que actúan como reservorios naturales. Las tuberías de piedra conducen el agua de estos manantiales a los baños públicos y a las residencias privadas de los ciudadanos que cumplen ciertas condiciones para beneficiarse de este privilegio.

«En el centro de la ciudad se encuentran los palacios reales, rodeados y protegidos por tres inmensos canales y dos franjas de tierra intermedias. Estos canales están conectados con el Gran Mar y el puerto por otro canal de 90 metros de ancho, 30 metros de profundidad y casi 10 kilómetros de largo.

«El Gran Templo está situado en la parte noreste de la ciudad. La imponente torre alberga en su cima, el observatorio más bello jamás construido, y ocupa el sector noreste del Templo. Ambos están protegidos de los ataques al norte, este y oeste por las montañas, que permiten a la vez defenderse y servir de base para sostener estas enormes estructuras.

«Desde estas montañas, la ciudad de las ciudades se extiende en forma circular hacia el sur. Más allá de la vasta área ocupada por la propia ciudad, hay otra de más de 194 000 km² que fue cultivada desde tiempos inmemoriales y que de hecho es un inmenso jardín. El mismo está generosamente irrigado por el río y por un canal de 180 metros de ancho y 30 metros de profundidad, que se extiende a lo largo de 1 930 kilómetros a lo largo del país. Además de contribuir al riego, un sistema de esclusas en el puerto permite que esta agua suba y baje por las galeras del gran canal, donde pueden a la vez recibir y distribuir cargas de todo tipo de productos con fines comerciales.

«¿Es realmente necesario mencionar que la población de esta llanura y de las montañas circundantes remonta a varios millones?

Según nuestros profetas y magos, nunca tantas personas se reunirán en el mismo lugar y al mismo tiempo.

«También debo señalar que la población crece debido a la dominación del poder vital del espíritu, que aún no se ha debilitado mucho, y gracias a la cual tres o cuatro generaciones de hombres pisan la tierra al mismo tiempo, todos fuertes y vigorosos. Dado que el país está repleto de disposiciones necesarias para el mantenimiento óptimo del cuerpo, la naturaleza no limita en modo alguno el crecimiento de la población, sino que, por el contrario, fomenta el crecimiento más prolífico posible dentro de límites razonables.

«Durante el día, una miríada de sonidos de voces y actividades se elevan sobre los muelles y áreas de trabajo de la ciudad, como el rugido de un tornado en mar abierto desatado sobre las rocas embestidas.

«Las galeras atlantes navegaron a todos los puertos de todas las naciones bajo el cielo. Gracias a ellas, el mundo entero se somete a nuestro comercio. No necesitamos importar productos que nos faltarían de otras naciones. Pero ellas desean obtener los frutos de nuestra tierra así como nuestras incomparables confecciones de bronce, que nuestros artesanos dominaban perfectamente, en particular las porras, hachas, cuchillos y espadas.

«Los bárbaros de Oriente nunca han tenido la habilidad requerida para fabricar tales objetos por sí mismos, y puesto que los materiales y los tratamientos de los ingresos de nuestros artesanos son de muy buena calidad, siempre encontramos compradores para todos los productos que ofrecemos. El único producto en el que la demanda supera a la oferta es un metal de color amarillo brillante, que muestra una resistencia muy alta a los fenómenos naturales. Es muy solicitado para adornar tanto edificios como para engalanar a las personas. La cantidad total de este metal extraído en nuestras minas es por lo tanto adecuada, y nuestros comerciantes descubrieron que también existe en otras partes del mundo. Así que buscan por todas partes y cuando lo encuentran lo cambian por nuestros productos. Cuando lo traen de vuelta aquí, reciben ciertos privilegios e inmunidades además del valor de mercado del metal. En cierto modo, se ha convertido en una medida de valor, no solo en nuestro país sino en todas las demás naciones de la Tierra. Según nuestros magos, esta situación particular, acentuada por la codicia humana, hundirá a toda la raza en el desastre. El deseo que nos impulsa a acumular este metal se volverá incontrolable y destructivo en más naciones físicas en los años venideros. Sin embargo, como nuestra nación no ha cometido ningún error intencional y ha tratado de actuar con justicia, difícilmente podría ser considerada responsable de tal calamidad. También es cierto que si el mal cae sobre esta raza humana, tendremos que enfrentarlo en los siglos venideros, cuando de nuevo seamos llamados a conducir las vidas que nos fueron asignadas en otros cuerpos. Por el momento, los incansables esfuerzos realizados para adquirir este metal no tienen la influencia suficiente para perjudicar nuestro desarrollo.

«No somos una nación de caníbales porque nuestro clima agradable proporciona suficiente alimento para no tener que recurrir a la carne humana. Es debido a que en nuestros esfuerzos por superar el ciclo de la encarnación, no estamos atados a la tierra, por lo que podemos pasar tanto tiempo estudiando las verdaderas fuerzas y hechos del universo, así como la forma de utilizarlos a nuestro favor.

«Al norte hay tres picos altos de montañas, que se han convertido en puntos de referencia para los marineros en dificultad. Para hacer balance de mi historia, permítame llevar a mis futuros lectores a la cumbre más alta de la gran cumbre de Alyhlo, para ofrecerles este paraíso de montañas y valles, colinas y llanuras, entremezcladas con inmensas mesetas. Este paisaje está cubierto con una vegetación tropical donde se encuentran todos los tipos de frutas comestibles conocidos por el hombre durante todo el año. Desde las laderas de estas montañas fluyen arroyos puros que riegan gran parte de esta vasta región.

«Y este panorama no se detiene ahí, ya que allí se encuentran muchas casas, aldeas y pueblos esparcidos. Pero sobre todo, la capital es realmente un centro de interés, un lugar para el intercambio de ideas, tan vasto y de tan largo alcance, que todos los demás centros del país están relegados a la categoría de suburbios.

«También observamos las variaciones del color verde de la vegetación y el cielo azul, tan claro y perfecto, cuyas vibraciones están tan lejos de los choques de ataque y defensa. Además de eso, se puede ver el canal que conduce al mar interior y el gran puerto lleno de sus flotas de galeras ocupadas, haciendo constantes viajes de ida y vuelta desde aquí hacia las diferentes regiones del mundo. Estas galeras no se mueven ni por la fuerza de las velas o los remos, ni por un impulso de fuerzas elementales. Superando todas estas técnicas, nuestros magos han revelado el secreto del impulso etérico que resulta del pensamiento, y ante esto, ni el viento ni la marea tienen ningún efecto. Este es el país más hermoso que el hombre ha visto».

CAPÍTULO VII

Antes de continuar la lectura del manuscrito, comparemos sus descripciones con la situación actual, tal como la conocemos. El viejo continente debía cubrir una parte del archipiélago caribeño. Si el relieve fuera tan alto que alcanzara su punto máximo a más de 9 600 metros de altitud, existirían dos enormes mares interiores en el actual Golfo de México. Los vientos alisios soplaban constantemente sobre estos mares y el antiguo continente, trayendo consigo humedad y fertilidad para la densa población. La configuración de este país ciertamente ofrecía una sorprendente similitud con la parte alta de nuestro Lake *Country*.

La cordillera al oeste y al norte formaría la columna vertebral del continente, cuyas cumbres y altiplanos forman actualmente una cadena de islas. En la línea de drenaje del mar interior se encuentra ahora el Amazonas. La fertilidad no debe ser el resultado de una temperatura tórrida, sino de la ausencia de vientos fríos, que daban lugar a un clima particular, igual y favorable a la vida de plantas y animales. Todas las plantas posibles crecían porque nada impedía su crecimiento. Siempre era la temporada de siembra, siempre era la temporada de cosecha. Podíamos ver brotes, flores y frutos en todas las etapas de madurez creciendo simultáneamente en el mismo árbol. Lo que hoy en día es una particularidad de las naranjas y los limones era común en todos los árboles frutales. Originalmente, la tierra era tan fértil, y la sabiduría de los que dirigían los campos era tan grande, que el hecho de plantar semillas y recoger la cosecha dependía más de una secuencia de acciones a seguir que de las estaciones. Después de esta explicación, volvamos ahora al manuscrito:

«El paso de la vida a la muerte es aceptado y acogido fácilmente por nuestro pueblo, no se teme en modo alguno, porque durante su prolongada existencia se satisface plenamente la monotonía de la vida física y solo el crecimiento de la fuerza y del poder del espíritu, cuyas infinitas posibilidades conocemos perfectamente, los incita a prolongarla.

«Nuestro papel como portadores del mundo ha sido reconocido durante muchos años. En todos los mares y en todos los puertos, las galeras que abastecen los distintos mercados del mundo ondean la bandera atlante, un globo azul alado sobre un suelo amarillo. La miríada de naves que llegan a nuestro vasto puerto, aunque cargadas con productos de los cuatro rincones de la Tierra, también nos pertenecen.

«Los marineros de otras naciones no se atreven a navegar en los vastos desiertos de agua que separan a los países entre sí.

«Grandes almacenes se alinean a lo largo de la costa, separados del mar por enormes murallas de sólida construcción que se extienden varios kilómetros tierra adentro. Estos muros son lo suficientemente altos para superar todos los rastros de agua dejados por las inundaciones del interior o por la marea del océano. Pero las inundaciones se debían a variaciones en la cantidad de drenaje ya que el derretimiento de la nieve en las montañas o el aumento del nivel de agua debido a las precipitaciones repentinas solo tenían una importancia secundaria.

«La capital está conectada a todas las regiones del reino gracias a los ferrocarriles, en los que se mueven enormes cargas por una fuerza motriz de la que solo nuestros magos conocen el secreto. Pero esta fuerza controlada obedece a su amo y hace avanzar y retroceder a los vagones fuertemente cargados, tirando ellos y empujándolos.

«Toda la ciudad está hecha de mármol blanco puro, extraído de las canteras de las colinas del norte y cuyas reservas están destinadas no solo a la construcción de edificios en el país, sino también a la exportación. Su grano es tan fino y su brillo tan elegante que estos bloques se utilizan constantemente para la reconstrucción en las ciudades mediterráneas. Esta piedra no soporta las temperaturas extremas del clima septentrional, pero es lo suficientemente sólida como para satisfacer todas las necesidades posibles bajo un cielo atlante.

«Puede sonar obvio después de todo lo que he dicho antes, pero la ciudad tiene forma de disco, con un segmento menos donde se apoya contra las estribaciones de las cordilleras del norte.

«Amplias avenidas semicirculares comienzan al nivel de las montañas y terminan dentro de las mismas. Estas son atravesadas regularmente por otras avenidas, formando los radios del círculo, en cuyo centro se encuentra el palacio del Rey. La tierra no pertenece a nadie y está a nombre del Rey, el representante de la nación. Nuestros magos afirman que los hombres solo pueden poseer las cosas que habrían obtenido a través de los frutos de su propio trabajo. Todas las artesanías podían ser reclamadas por sus fabricantes, pero nadie podía, y nunca podría, apropiarse de los cuatro grandes elementos: fuego, aire, agua y tierra. Si alguien alguna vez tratara de apoderarse de ellos, solo encontraría desastre y decadencia. Cuando un hombre construye una casa, planta un árbol o recoge una cosecha, entonces la casa, el árbol o la cosecha le pertenecerán y su derecho a disfrutar plenamente de los frutos de su trabajo será protegido.

«Toda la tierra está dividida en parcelas y solo sus mejoras tienen un precio. Aquel que tenga la vista sobre la parcela de su vecino debe, con el consentimiento de su vecino, comprar las mejoras, pero la tierra en sí misma no tiene más valor que el aire que la rodea.

«Las casas se construyen con un espíritu de conveniencia y comodidad. Cada familia habita en su propia casa y cuando un joven se casa con su pareja, se le asigna una porción de tierra, en condiciones de ubicación, calidad y medio ambiente iguales a todas las demás parcelas. No se permite la superpoblación, ni siquiera en las zonas más densas de la ciudad. Los edificios están construidos con materiales sostenibles, diseñados para dejar pasar el aire y la luz. Todas las casas siguen el mismo principio básico, a saber, un patio central abierto rodeado de diferentes salas de estar. Este plan se modifica de diferentes maneras para adaptarse a las individualidades y necesidades de los propietarios.

«El acceso al patio está asegurado por una amplia puerta, que gira fácilmente sobre sus bisagras. En su centro, una cuenca, equipada con una fuente para evitar el estancamiento del agua, permite enfriar el aire y modificar las vibraciones. El agua fue traída de las montañas por un acueducto tan antiguo que ningún atlante de hoy puede dar su edad. Pero algunos de los archivos del Templo tratan de la organización de este colosal proyecto y de cómo se llevó a cabo. El edificio se construye alrededor de esta cuenca, generalmente en dos niveles, apoyados en pilares para no obstaculizar la libre circulación del aire.

«Cuando la joven pareja decide establecerse juntos, es costumbre que el astrólogo principal del Templo les entregue un horóscopo decisivo que defina el número de miembros de su futura familia. Se construye una habitación para cada uno de ellos. Esta distribución especial ayuda a evitar la sobrepoblación y fomenta el máximo progreso y crecimiento en todas las áreas.

«Los animales se reúnen, el hombre tiende a individualizarse. Estos comportamientos extremos, la aceptación o la negativa a aglomerarse, indican en todo momento el lugar del hombre con respecto a su naturaleza espiritual o física. Si es de naturaleza tosca, no importa si otras cincuenta manos comen con la suya y se mojan en el mismo tazón de avena. Si está satisfecho espiritualmente, preferirá apropiarse y usar a su manera lo que le pertenece. Contrariamente a lo que se podría pensar al principio, no se trata de una cuestión de egoísmo, sino del resultado del trabajo emprendido por el ego durante las vidas en la Tierra, la formación del alma desde las diferentes encarnaciones.

«Las habitaciones de la planta baja son más grandes y son esencialmente habitaciones comunes en las que se mantienen y mejoran las relaciones familiares. La mayor parte del tiempo libre de la familia se pasa alrededor de la fuente en el patio, donde siempre se encuentran agradables sombras que acompañan el cielo azul sobre sus cabezas. Los patios están pavimentados con una especie de vidrio con motivos de colores y están cubiertos con alfombras y esteras tejidas con fibras vegetales y teñidas de forma extravagante. Estas mercancías se destinan principalmente a la exportación. Además de estas decoraciones, se encuentran productos diseñados por el pensamiento humano y procedentes de los cuatro rincones del planeta. Dichos productos son los más suntuosos y de la mejor calidad. Ninguno estaba manchado con la sangre de la guerra, porque nuestro laborioso y honorable comercio marítimo ha hecho, sin lugar a dudas, de nuestro país el más rico de la tierra.

«Desde el principio, hemos comerciado en todas partes. Ninguna de nuestras galeras ha sido nunca tomada por el Dios de los Mares y abandonada en el fondo del océano, ya sea que tome nuestros bienes o nos traiga mercancía de otros países. El crecimiento natural de nuestros bienes, gracias a nuestra mano de obra o a nuestro comercio, sin pérdida alguna, debería ser suficiente para enriquecernos sin recurrir a otros medios.

«Por lo tanto, se cree que las familias permanecen unidas, siendo cada una de ellas una comunidad independiente. Sus casas y jardines representan el reino de sus comunidades en la medida de lo posible. Esta es la regla espiritual, no la regla física.

«Pero no debo olvidarme de hablar de las calles y carreteras de la propia ciudad y de sus alrededores. Se organizan de acuerdo con un plan general que nunca ha sido modificado desde su aplicación. Aunque estuvieron en construcción y extensión por muchos años, cada centímetro fue añadido bajo la dirección de un espíritu superior, siguiendo un plan uniforme adoptado hace miles de años. Todo lo que se ha construido es completo y permanente. La sustancia utilizada para el pavimento es nuestro secreto, oculto al mundo. Nuestros caminos son limpios y tranquilos. La especial composición de nuestras carreteras proporciona fácilmente tracción a los vehículos que circulan por ellas. Ningún otro sistema de transporte en la Tierra ha sido tan perfecto como este.

«Los edificios públicos son siempre grandes, espaciosos y de estilos variados, coronados por cúpulas, pináculos y minaretes y adornados con estatuas con modelos y creaciones artísticas. Están hechos de mármol blanco. La Atlántida no solo puede alabarse a sí misma por haber sido creada de esta manera, sino también por haber permanecido como una ciudad blanca. No hay emanaciones oscuras en el aire o del clima que oscurezcan las paredes blancas construidas en el exuberante entorno verde. Según nuestros magos, en los días venideros, una nación del Mar Mediterráneo, llamada los griegos, personificará en sus obras de arte a nuestra querida ciudad bajo la apariencia de una exquisita mujer emergiendo de las aguas.

«El más importante de estos edificios está decorado con oro en abundancia, y es por esta razón que este metal es tan fervientemente comprado por los mercaderes atlantes. Un nombre poético "las lágrimas del sol", fue adoptado por nuestro pueblo, y es por esta designación que este metal es llamado con más frecuencia. Pronto describiré en detalle el Palacio del Rey y el Templo Mayor.

«En estos edificios públicos hay salas reservadas para reuniones sociales, para discutir temas públicos y para facilitar estudios sobre cosas que no pertenecen al plano físico. Describir uno de estos edificios dará el plano general de todos los demás. Tienen forma elíptica con una fuente en el centro. Los atlantes aprecian mucho la presencia del agua. En uno de los vestíbulos de esta elipse hay varios asientos de piedra, dispuestos como en un anfiteatro, uno encima del otro. En el segundo vestíbulo hay una tribuna en la que el orador se pone de pie durante los discursos públicos. También hay asientos alrededor de la fuente, en la que los oyentes pueden sentarse fácilmente para charlar entre ellos.

«Las escuelas de entrenamiento para jóvenes atlantes están construidas de manera similar, la parte central del edificio permite el paso de la luz del sol y del aire. Los jóvenes aprenden aspectos sobre la nación, la familia y ellos mismos. Nuestros padres tenían un dicho que tratamos de respetar como una regla de vida: "Pasé ocho años siendo un niño y jugando, ocho años siendo un adolescente y entrenando físicamente, ocho años siendo un adulto joven y descubriendo el mundo fuera de la Atlántida y mil años estudiando lo invisible y lo real". Estas proporciones están muy cerca de la realidad».

CAPÍTULO VIII

Los atlantes de ambos sexos son casi perfectos en sus estructuras físicas. Son casi todos igualmente entrenados por el maestro de la sabiduría. Cabe preguntarse por qué no están todos en el mismo plano de desarrollo. La respuesta es decisiva para todas las épocas y tiempos. El hombre nunca ha ejercido ni ejercerá su potencia individual exactamente de la misma manera. La pequeña variación, apenas perceptible al principio, aumenta en pequeñas cantidades, no importa cuán pequeña sea, en cada una de las vidas sucesivas. Esta diferencia se incrementa también por la fuerza del poder intelectual que llega a una nación y, por necesidad, a los individuos de la nación, que tratarán de ocupar los mejores cuerpos y posiciones, como los egos que regresan y reclaman un lugar en las vidas.

«Debido a la absoluta igualdad de los sexos, los cuerpos de las mujeres son tan fuertes y vigorosos como los de los hombres. Pero sabemos que en otras naciones, con las que hemos tenido contacto, en otras partes del mundo, las mujeres son inferiores en tamaño y fuerza. Esto sucede porque las personas de esas naciones se han permitido de generación en generación, y de época en época, creer y afirmar la inferioridad de la mujer. Este pensamiento continuo la ha menospreciado y disminuido, no solo en cuerpo, sino que también ha unido sus aspiraciones y su capacidad mental con lazos más fuertes que el acero. Mientras que las razas bárbaras, para su dolor y pérdida, han cometido este triste error, la nación Atlante, por otro lado, se ha aferrado constantemente a la igualdad de sexos. El resultado ahora es que, físicamente, ambos sexos son modelos que el pintor o escultor está orgulloso y ansioso por copiar. Cada uno es un espécimen de belleza, porque la perfección es belleza. La acción del clima y los principios transmitidos han traído vigor intelectual y audacia con un maravilloso entendimiento de la percepción de las leyes de la naturaleza y de ellos mismos. Sus cuerpos, en vez de ser impedimentos para el crecimiento y el avance espiritual, son de hecho ayudas para los espíritus que buscan a través de ellos experiencia, conocimiento y comprensión. Aquellos que podrían ser llamados la clase común, haciendo el trabajo necesario de la nación, están mucho más avanzados que la clase literaria de las naciones bárbaras en su percepción de la verdad y su conocimiento de las leyes de la naturaleza. Llegará el día en que los hombres lamentarán el olvido de este conocimiento, cuando la fatiga y la monotonía de soportar la carga serán casi abrumadoras en su devastadora atrocidad.

«Tenemos escuelas para el desarrollo de lo físico y para el adiestramiento de los hábitos mentales del pensamiento. En estas escuelas se imparte muy poco conocimiento memorizado. El proyecto consiste en entrenar las facultades de tal manera que, si se desea o se necesita, se pueda leer fácilmente el código de los libros astrales.

«Se desconoce la enfermedad. No tenemos ni cojos, ni tullidos, ni ciegos, ni sordos, ni mudos, ni mendigos como modelos para la mente maternal prenatal, para malformar embriones, y así construir monstruosidades para la carga pública. El asunto al que hago referencia es una realidad para las naciones que están ocupadas en los asuntos del comercio, de la agricultura, o que son constructores y decoradores de casas y edificios públicos. Pero hay algunos que por impulso natural han buscado cada vez más lo invisible, las verdades que pertenecen al ÚNICO, y los que se apoyan en ÉL. Estos están dispuestos y ansiosos a dedicarse a sí mismos y a sus poderes constantemente para la obtención y el logro y la enseñanza de la juventud. La única distinción de clase que tenemos se basa en el conocimiento.

«Ha sucedido de una manera natural que estos pensadores han gravitado el uno hacia el otro;que han mantenido registros de observación, experimento y experiencia, que son más sabios en el habla, en las matemáticas aplicadas a lo invisible, en la alquimia, en la astrología, y son especialmente sabios en la física que abarca las leyes de lo invisible. Al principio se construyeron edificios separados para estos estudiantes y sus profesores. A medida que la ciudad crecía, cada cuerpo de estudiantes tenía su edificio, ahora conocidos como templos. Más tarde, todos fueron reunidos en un gran Templo, para que el simbolismo del ÚNICO que es el TODO fuera perfecto.

«En las enseñanzas de nuestros Magos, toda manifestación, en todos los planos, se refiere de nuevo al ÚNICO, como la única fuente central de fuerza y poder para todo lo que se obtiene y se puede obtener. Así, la mente que habita en este pensamiento se ha esforzado en el diseño, en el material, en el acabado y en el mobiliario para hacer del Gran Templo un símbolo perfeccionado del ÚNICO. Su adoración en toda su imaginería y sugerencia combina todos los elementos para la magnificencia del modo y del sujeto, bajo discusión en la mente del estudiante. No es de extrañar que nos haya llegado como nación una veneración profundamente arraigada por el nombre y las leyes omnipotentes.

«Es también un hecho que nuestros Magos están en posesión de los poderes más maravillosos, en el control de fuerzas elementales que obedecen su voluntad, dedicados a sus tareas, sin ningún tipo de confinamiento, debido a que son obedientes a la voluntad y al mandato de aquellos que llaman individual o unánimemente a sus servicios. También se sabe que este poder nunca estará en manos de personas nacidas en la Atlántida, independientemente de las condiciones cambiantes del planeta.

«También es cierto que una proporción mucho mayor de nuestro pueblo ha alcanzado la luz y el conocimiento superiores que cualquier otra nación sobre la tierra, ya sea en el pasado o en el presente. Esto se debe sin duda al hecho de que nuestros egos encarnados, teniendo derecho a elegir, han buscado una y otra vez a su propio pueblo como el lugar más privilegiado para avanzar en la vida.

«Cuando estos egos avanzados hayan encontrado sus cuerpos, tendremos el espectáculo de niños nacidos viejos, porque el brillo de la última vida pesa sobre ellos, y la novedad del cuerpo no siempre actúa como una defensa o un escudo de su fuego imperioso. No está en cada uno, sino que es una cuestión de desarrollo ordinario y detallado».

CAPÍTULO IX

NOSOTROS solo tenemos una ley básica en todas partes llamada la «regla de oro» o preferencia en todo el país y la ciudad. Pertenece a otro antes que a uno mismo. No tenemos males que surjan de la acción del egoísmo, porque esta condición es el resultado primario del temor a la miseria, ya sea para nosotros mismos o para otros, en algún momento durante la posición o el período de la vida terrenal. Aún aquellos que son los menos avanzados entienden de nuestra enseñanza la verdadera idea de la Hermandad: que ningún hombre, ni la esposa de un hombre, ni los hijos de un hombre, pueden, bajo la ley, sufrir de la privación de las necesidades de la vida física. El que tiene más que suficiente, es considerado siempre el administrador de confianza para el que temporalmente tiene menos de lo suficiente. Pero esto no exime de la necesidad de trabajo, de cada individuo en la proporción directa de su capacidad, en cualquier empleo para el que estén mejor calificados.

«En la construcción de nuestras casas, la extracción de las piedras, el transporte y la instalación se hacen por la fuerza elemental, bajo la dirección de un maestro, que está a cargo de una sección. Es su deber educarlos y velar para que sean debidamente provistos, fuera del almacén Astral, por el poder entregado en sus manos. Nuestra forma de gobierno ya ha sido copiada por una nación poderosa en la parte norte de Asia, pero debido a su situación en el plano físico, es muy probable que puedan retener solo la forma, y perderán el poder espiritual que es el fundamento y el principio potente.

«Toda la nación está unida por el maestro de las familias, las cuales están en grupos y clases, bajo la instrucción y dirección de aquellos que son más competentes para enseñar. Estos maestros están agrupados bajo los maestros o Magos del Templo. Estos Magos del Templo están bajo la instrucción de los más antiguos, los Siete, los Cinco y los Tres. Así, en las manos de los Tres, el más poderoso de todos los intelectos humanos, descansa el destino, la prosperidad y la felicidad de toda la nación. Además, con ellos como directores y árbitros, descansaba la responsabilidad de las condiciones kármicas, ya ellas que fueron engendradas por las corrientes de la potencia que emanaban de ellas mismos y regresaban sobre su ciclo con todo lo que se había impreso o entremezclado con ellas durante su rotación y entre aquellos a quienes se les enviaron las corrientes.

«Debe ser evidente, a quién puede venir este manuscrito, que el poder de lo invisible y su aplicación a la vida terrenal del hombre son asuntos de gran interés e importancia para los Atlantes. No hay poder temporal, excepto como símbolo de lo Manifestado. Todo lo que pertenece al esfuerzo organizado tiene su origen en el Sacerdocio del Gran Templo, que representa el poder dominante sobre la materia del espíritu en su máxima expresión. Tienen a su cargo especialmente el estudio y desarrollo de todo el conocimiento oculto.

«Cada casa es independiente de sí misma. Los Atlantes son Monógamos, el marido de una esposa. Esta experiencia ha demostrado ser la mejor condición para el desarrollo de una raza fuerte y espiritual. Hemos visto que las razas polígamas siempre disminuyen en poder, fuerza y energía de propósito.

«En la Atlántida, estar enfermo o discapacitado, o estar a la cabeza de una familia, de la cual es miembro, es considerado un crimen contra el pueblo. Por lo tanto, todo el pensamiento, todo el deseo y el interés son puestos en juego sobre las condiciones físicas, a través de las fuerzas ocultas y espirituales, no solo para hacer que la nación sea completa, sino también desarrollada en el mejor sentido.

«Aquellos que están particularmente dotados con cualidades psíquicas o cuyos espíritus se han familiarizado con el instrumento confiado a sus manos, son entrenados para los oficios de Maestros o Guías. Pueden o no tener familia, pero en ambos casos son personas a las que un cierto número de personas o familias buscan consejo, recomendación y orientación.

«Durante miles de años, los Magos del Templo, que dedicaron todo su tiempo al estudio de lo oculto y dejaron de lado sus cuerpos por su propia voluntad, realmente pusieron el bienestar y la dicha de la gente por encima de cualquier otra consideración. La nación está feliz. No existe la pobreza. No tienen una clase inferior. Todo el trabajo necesario es honorable. Generación tras generación, nos hemos ido haciendo más fuertes y más parecidos a los dioses que bajan a la tierra. Tenemos una comunicación perfecta con el mundo exterior y entre nosotros. Sabemos que la atlántida es la ciudad más bella del planeta, y estamos contentos».

CAPÍTULO X

Luego de AVANZAR tanto en la descripción de la ciudad más maravillosa jamás conocida por el hombre, permítame citar las palabras de alguien que vio lo que tan fluida y gráficamente describe para ustedes:

«Al noreste de este continente insular se encuentra el Templo Mayor, construido tanto para uso cotidiano como para simbolismo. En una meseta de muchos acres de extensión, donde el terreno que se elevaba gradualmente comenzaba a hundirse en las laderas, toda la superficie había sido nivelada y pavimentada con algún material blando, del cual solo los Atlantes conocían el secreto. Esta se endureció bajo la acción del sol y de la atmósfera, hasta que se volvió inflexible. Hacia el Este, una franja de tierra que llegaba hasta la costa, pero no a la altura de ella, también había sido alisada y pavimentada, de modo que no hubiera obstrucción en el centro, hasta que descansara en el lejano horizonte.

«Sobre esta amplia extensión de espacio llano, lo suficientemente cerca de las montañas como para ser apuntalado por sus poderosos brazos, se levantaba el gran Templo de paredes blancas, orientado hacia el sur, y las amplias áreas para el ensamblaje. Las cortes y oficinas cerradas, y los claustros del Templo miraban hacia las montañas del Norte, y así aseguraban a los habitantes del Templo la privacidad necesaria para los Maestros y las Hermandades estudiantiles del Templo, que buscaban conocer fuera del Silencio.

«El Templo propiamente dicho consta de dos plantas, la primera de ellas formada por pilares que brotan de los cimientos rocosos de la montaña y arcos de apoyo, que a su vez, sostenían inmensas losas de piedra, los pisos de la segunda planta. En el primer piso, el recinto es casi inexistente, pero dentro de las paredes del segundo piso todo está dispuesto para la privacidad y el pensamiento tranquilo. Aquel que mira por encima de las almenas del piso superior, mira hacia abajo, a unos treinta metros hacia el patio de abajo hermosamente pavimentado. En el Este y Oeste del Templo mismo, hay jardines, arboledas, fuentes, corrientes de agua, animales domésticos y flores de todas las tonalidades y fragancias. Estos son sagrados para el Templo, pero abiertos a las personas bajo la vigilancia de los cuidadores, excepto ciertos lugares reservados cerca del Templo, que son para el uso especial de los estudiantes y maestros. En la sección noreste del edificio del Templo se encontraba la gran torre y el observatorio, de quince metros de diámetro, que se elevaban a 60 metros, un punto de referencia y luz que se extendía cientos de kilómetros y que siempre inspiraba alegría a los marineros del Estado arrojados por el mar.

«Mirando desde la plaza de enfrente, hacia el interior del Templo, sus vastos recovecos, sus bosques de columnas blancas y su techo sobreelevado, llenan de asombro al espectador. Este sentimiento tampoco se vio atenuado por la limpieza, el continuo desplazamiento de enormes masas de luz solar y sombra, hacia nuevos e indescriptibles esperpentos. Durante los servicios, la terrible solemnidad evocada fue de un carácter que modificó todo el pensamiento atlante y el propósito nacional.

«La gran torre comenzó a 5 metros bajo la superficie. El *trap* original (formación de basalto) se complementó con un bloque cuadrado de roca de hormigón, y sobre este se llevó la superestructura a una altura total de 70 metros, el cuadrado de quince. Sobre el suelo del Templo descansando en un estrado elevado estaba la cámara secreta del Lugar Santísimo. A lo largo y ancho de este, en los Grandes Festivales, resplandeció y se mostró rápidamente el Velo de Isis. Arriba, en un nivel superior, estaba la cámara de los Cuarenta y cinco, y aún más arriba las cámaras de los Quince, los Siete, los Cinco y los Tres. En el exterior, la Torre era lisa e impenetrable en su superficie, de abajo hacia arriba. Se asemejaba a un bloque macizo, cincelado en las canteras y colocado en el extremo, demostrando una mano de obra diestra y perfección en las uniones y el acabado.

«En el claustro y en las habitaciones del segundo piso del Templo estaban los apartamentos para el estudio privado y la instrucción en clase. También había apartamentos suplementarios, hundidos en las montañas vecinas y a los que se llegaba por pasadizos secretos, de tal manera que cualquier cosa que se depositara en ellos como tesoros, se mantendría con seguridad, aunque estuviera enterrada bajo la superficie del mar durante siglos.

«Más allá de la gran plaza, hacia la ciudad, árboles y fuentes sombreados y embellecidos despejan hasta el borde desnudo del vasto pavimento.»

Este es un débil retrato de lo que realmente fue la culminación y concentración de los miles de años de existencia y desarrollo de la Nación.

«En todos nuestros Templos, y muy especialmente en el Gran Templo, los atrios exteriores no eran más que la simple separación de aquellos que no tienen inspiración para lo oculto y lo superior. En el patio exterior, o patio del pueblo, siempre estaban reunidos aquellos que tenían pensamientos propios, y que estaban indecisos en cuanto a la dirección que debían tomar en la búsqueda de la luz que lentamente amanecía sobre ellos.

«El atrio interior del pueblo contenía a aquellos que hasta ahora han percibido que están dispuestos a obligarse a sí mismos a llevar a cabo ciertos propósitos, de cuya plena intención pueden saber muy poco, excepto que el fin más lejano se pierde a la luz de la vida, y el halo de la obligación. En este patio, los que buscan deben estar entrenados y preparados para lo que les espera en el futuro, por lo que es natural que los que permanecen allí, esforzándose por avanzar, hagan todo lo que puedan a través de su propio poder de asimilación, por sí mismos.

«En primer lugar, si la lección es concentración, es su concentración individual. Si la lección es pasividad, es su propia pasividad individual. Es exactamente como cuando uno está aprendiendo a cantar, como un comienzo, la voz se entrena para usar su propia función peculiar sola. Después de esta práctica solitaria, cuando se ha alcanzado una aptitud y una facilidad de uso, entonces están listos para la concentración individual para un esfuerzo unido. Debe seguir entonces, que el patio exterior de la Hermandad no puede sino proyectarse en el patio interior del Templo.

«Lo que se hace solo y por separado, es absolutamente necesario para el siguiente paso, que debe hacerse al unísono con otro u otros, de la misma manera que los estudiantes de música son entrenados de dos en dos para unir esfuerzos de acción y armonía.

«La pregunta que se plantea en todo esto es: ¿cuál será la mejor manera de lograr el crecimiento y el logro? ¿cuál es el principio básico?

«En la música decimos que los sonidos se ajustan a un determinado tono, y por muy prolongada que sea la acción de las vibraciones, el tono y el tiempo serán los mismos, y todas las vibraciones estarán alineadas. Es exactamente así, cuando los estudiantes vienen a actuar juntos en los planos ocultos, las vibraciones que producen no serán, por supuesto, iguales, pero deben estar acordes; las partes de una vibración encajan y se complementan con las vibraciones de otra, así que no habrá discordancia.

«Para obtener los mejores resultados, siempre es mejor que los que están en el patio exterior de la Hermandad sean vigilantes y cuidadosos, no sea que las vibraciones enviadas desde ellos mismos sean aceleradas o intensificadas, o incluso arrastradas por la inconsciencia de su propio descuido.

«Una vez que se intenta la unidad de acción en esta materia, es absolutamente necesario para alcanzar el éxito, que el tono sobre el cual se inicia debe seguir siendo el mismo.

«Es fácil ver cuán intensas son las pasiones, como la ira, o cualquiera de las condiciones perturbadoras que interfieren con las vibraciones. Sería como un acorde desafinado en un instrumento de cuerda, en el cual, aunque las cuerdas no emiten los mismos sonidos, aún así deben estar alineadas. Esta alineación es la fuente de toda la música.

«No es necesario que les den rienda suelta a los sentimientos más intensos de la propia naturaleza y que se les permita perturbar, tanto a él mismo como a aquellos a quienes contrae. Es también, a pequeña escala, como el afilar y aplanar en los puntos equivocados, donde las vibraciones son cambiadas, la armonía rota y la discordia se vuelve perceptible.

«También es absolutamente necesario que todas las condiciones en el exterior que puedan causar una perturbación se mantengan en suspenso, cuando uno desea concentrarse, a fin de que durante un esfuerzo unido para la concentración, la armonía y la fuerza no se estropeen. Esto es cierto en cualquier asunto referido al ocultismo.

«No debe suponerse que cuando dos o más de los Hermanos se concentran, exactamente el mismo proceso pasa por la mente de cada uno. Eso sería imposible. El fin buscado puede ser alcanzado por cada uno trabajando a su manera, con el mismo pensamiento. No se deduce que debido a que "A" no realiza su tarea exactamente como lo hace "B", que "B" debe establecer una perturbación en la vibración como se refleja en "A", destruyendo así, en cierta medida, la cooperación y el efecto que se producirá.

«La ley del Templo, es pues en primer lugar, sola, en segundo lugar, en compañía de aquellos que buscan por la fuerza unida cumplir, como los Maestros del Destino, en todo momento, han podido cumplir. La unidad de acción es lo más importante; por lo tanto, debemos protegernos de cualquier cosa que pueda perturbar esta unidad. Si las vibraciones, en sus condiciones normales, yacen una al lado de la otra, y uno se apresura, entonces la armonía se destruye y la acción del impulso es para aumentar las vibraciones en la longitud de su fuerza de onda. Debemos, cuando nos reunimos para unir nuestros esfuerzos, insistir en que cada uno por sí mismo se convierta en su propio guardián. Sabiendo que cosas desagradables ocurrirán, debemos estar siempre preparados, de inmediato, para dejarlas de lado. Después de hacer esto una vez, seremos más fuertes para continuar. Así, la música de la acción de nuestra alma no solo nos afectará a nosotros mismos, sino también a los que nos rodean.

«Sobre esta declaración de principios se ha construido la gran ley del Templo: "haz a los demás lo que te gustaría que te hicieran a ti". Toda la enseñanza y el entrenamiento, todas las ceremonias y el simbolismo del Templo están basados en esta ley como la piedra angular de la religión de nuestro pueblo. Después de haber dado este breve resumen de las verdades que nuestro sacerdocio tiene a su cargo, pasemos a una descripción de algunas de las ceremonias del servicio del Templo, y, como ejemplo, tomaremos la Gran Fiesta del Año Nuevo, como la más completa de todas.

«La fiesta del Año Nuevo, el 21 de marzo, culminó y conmemoró el renacimiento del Sol, cuando, en días y noches iguales, comenzó una nueva Primavera y Verano para el hemisferio norte, y se renovó la promesa de la siembra y la cosecha.

«En esta celebración se espera que todas las familias del reino estén presentes, ya sea personalmente o representadas por algún miembro de la familia. Todo el ir y venir del año está planeado con esta idea en mente. Se considera un privilegio que toda la población periférica sea bienvenida a la capital en este momento. La fiesta dura siete días.

«Permítame intentar describir en detalle, porque ninguna pluma puede realmente retratar todas las maravillas de ese maravilloso ensamblaje, una de las últimas fiestas que tuvieron lugar, diez años antes de la destrucción de la ciudad. El gobierno y el pueblo estaban en ese momento en su más perfecta unidad.

«Alrededor de tres días antes de la fecha fijada para la fiesta se notaba un pequeño revuelo de preparación en todo el país. Fue un movimiento silencioso hacia la participación. Si alguien hubiera sido levantado, para poder ver el continente como un mapa, habrían percibido durante estos tres días largas filas de viajeros, algunos a pie, y otros utilizando otros medios de transporte, moviéndose sobre la ciudad en líneas convergentes. A medida que el tiempo se fue acortando, la extensión de estas líneas se fue acortando y los caminos cercanos a la ciudad y en la propia ciudad se fueron llenando hasta desbordarse. Solo había unas pocas personas en el país periférico que no tenían ningún amigo o pariente en la ciudad. Cuando las casas se llenaron, se esparcieron tiendas en los jardines y en todos los parques y lugares de reunión. Así, se produjo una nueva apariencia debido al reflejo de la luz proveniente de las tiendas. Algunas de ellas eran de lino y otras de algodón, pero todas eran extremadamente blancas por un proceso conocido solo por los Atlantes y que nunca fue impartido a ninguna otra nacionalidad. Solo en la gran meseta del Templo y en las áreas de los patios exteriores no se permitían tiendas, pues ese espacio se mantenía necesariamente despejado, para que pudiera haber lugar para la asamblea mayor.

«Como las ceremonias eran en conmemoración del sol recién nacido, las horas de asamblea eran por la mañana y por la tarde, y en el momento de la altura del meridiano. En el primer día de la fiesta, cuando el amanecer se iluminaba en el Este, a primera hora del crepúsculo, se podía oir en toda la ciudad un sonido bajo y amortiguado, como si se derramara un torrente veloz a través de un lecho liso, y tan pronto como se hacía de día se percibían todos los patios exteriores y la gran meseta del Templo, abarrotada de gente que había llegado para participar en las ceremonias de inauguración. Sus rostros se volvieron hacia el horizonte lejano del Este. Entre este punto y los ojos de los innumerables observadores no existía ningún tipo de obstáculo.

«Cuando se acerca el momento de la aparición del Gobernante del Día, una armonía suave y dulce, que resuena en un cambio rítmico, brotó en el aire en un tiempo de calma y descanso y en tonos de amplio alcance, provenientes del gran coro del Templo, que estaban reunidos en uno de los pórticos del Templo, tan elevados como para ser vistos por toda la vasta multitud. A medida que los sonidos del canto aumentaban gradualmente por las voces de los adoradores, se volvían más intensos en poder y más pesados en volumen, toda la vasta multitud parecía oscilar, bajo el hechizo psíquico de esta invocación al Sol, símbolo de bienvenida de alguien que regresa a su trabajo y a sus propósitos. Los minutos avanzan rápidamente, la invocación se acaba, un estallido de trompetas acompaña la nota final; el orbe del día, con repentinos brotes tropicales que brotan de su lecho bajo el mar. Cuando sus primeros rayos caen sobre la multitud incontable, ellos caen de rodillas. Con la cabeza inclinada, en adoración silenciosa, atribuyen toda la gloria, todo el poder, toda la alabanza a lo que se les presenta como la fuente manifiesta de la vida, de la salud, de la fuerza, el ojo siempre insomne del Único. Luego se separan. Las horas se pasan en conversación social, o el abandono del descanso y la tranquilidad hasta que llega el mediodía.

«Cuando el Sol se acerca al meridiano, que en todas las calles y senderos, en todos los tejados, en todos los lugares donde pueda haber un devoto, se contemple su rostro vuelto hacia el Templo. En el momento de la altitud meridiana, sobre el pináculo más alto, una bola de cristal, casi tan deslumbrante en su resplandor como el propio sol, brota, y por unos instantes recibe el pensamiento absorto de todos los fieles de la ciudad, como el recuerdo del buen mensajero del Único, cuya cumbre de gloria se percibe ahora. De nuevo, por la tarde hay una convocatoria en el Templo. Se repiten las ceremonias de la mañana, con la excepción de que el canto es de despedida, la multitud que mira hacia el Oeste en vez de hacia el Este, y los sonidos susurrantes de los instrumentos de cuerda le permiten salir del horizonte del Oeste.

«Estas ceremonias duran seis días. Hay varias otras ceremonias que ocupan fracciones de tiempo de la Convocatoria, entre estas asambleas del todo. También hay líneas de servicios del Templo, trabajo y estudio. Cada una de las ciencias tiene su lugar apropiado y cada una está siendo desarrollada por aquellos que están aliados en la gran Hermandad del Templo. Esto abarcó a todo el pueblo en los hechos que se derivaron. No es necesario describir todas las nimiedades. Pero durante estos seis días algo sucedía continuamente en la ciudad, siempre con más fuerza en el Templo. El movimiento de una procesión por las calles, una reunión de los guías o guardias del Templo, conferencias y charlas de aquellos que estaban tan bien calificados para salir de las fuentes llenas a las almas interiores, ansiosas de ser alimentadas. Pero a medida que se acercaba la noche después del ocaso del sexto día, una vez más, todos los patios del Templo se llenaron de gente. El zumbido de la conversación desaparece a medida que la oscuridad es más y más intensa.

«Ahora, cuando haya oscurecido, el Coro del Templo abre los ejercicios con el canto de invocación. Se diferencia de toda la música de la Convocatoria, hasta ahora, en clave, ritmo y tiempo. Luego se une toda la gente. A medida que el sonido vibra en cadencia creciente, subiendo y bajando entre las montañas resonantes, el efecto era perfectamente indescriptible, ya que los Atlantes eran especialmente homenajeados por ser dulces cantantes. Cuando el canto terminó, el instructor principal del pueblo se paró en lo alto de una Tribuna, y allí habló de las cosas que más le preocupaban en la vida física, de lo que más necesitaban, de como el Sol era para ellos la vida y la salud, y la abundancia y la paz, el signo y el representante de todo bien. Luego dirigió su atención a las tinieblas, que los agobiaban, imponiéndoles el descanso y la incapacidad de trabajar. Entonces su perorata fue de esta manera:

«Las tinieblas son muerte y desolación, y así, al principio, el 'Ser Reinante' vio, cuando dijo: "Que haya, y hubo, luz". Al pronunciar estas palabras, millones de luces por todo el Templo brillaban, dentro y fuera, hasta en los puntos más altos. Brilló un resplandor de gloria de mármol blanco, porque solo había una cosa acerca de la electricidad que los Atlantes no conocen, ese es el punto donde el conocimiento se afianza con potencia sobre el Único, en su más íntima y suprema integridad de existencia.

«Hay otras ceremonias de menor importancia, relacionadas con la noche, pero esta es la más importante. No hay sacrificios, no hay derramamiento de sangre de víctimas animales o humanas. Los Atlantes no creen que sea necesario enseñar la destrucción o la acción destructiva con tal sacrificio, en la quema o aniquilación de cualquier cosa viviente, pues dicen que el hombre es naturalmente destructivo y nosotros debemos enseñarle lo contrario. Por lo tanto, a todas nuestras ceremonias les faltó la horrible sombra de la agonía y el horror, que seguramente vendrá si el hombre olvida nuestras enseñanzas. Pero las grandes lecciones objetivas sirvieron bien a su propósito de elevar a todo el pueblo al mismo nivel y cimentarlo en una Hermandad común. En el próximo capítulo describiré tan bien como pueda, el último gran día de la Fiesta.

CAPÍTULO XI

AQUELLO de lo que ahora voy a hablar ahora se refiere a la nación de Atlántida, cuando aparentemente no había nada más allá, en cuanto al prestigio, la prosperidad o el conocimiento. Estoy advertido de que lo Invisible no se escribe sin precaución, pero con circunspección, que venga el poder para el mal, para el que no está obligado.

«En los viejos tiempos, cuando paso a paso habíamos escalado dolorosa y laboriosamente las alturas de las montañas hacia el amplio resplandor de la verdad eterna, el mundo yacía a nuestros pies. Ese era nuestro estado intelectual y físico. Todo lo que había en la tierra que valía la pena tener o conocer estaba en nuestra posesión como el derecho de nacimiento de las edades y las edades de una existencia previa.

«Además, entramos a la vida sin perturbaciones, como lo serán las generaciones venideras, por las condiciones físicas que se volverán cada vez más densas y pesadas a lo largo del camino de los siglos venideros. Será porque, habiendo dominado todo lo que pueda haber de trabajos físicos, también habremos de dominar lo que pertenece solo al reino espiritual, que deberemos aislar. Solo hay solo un Dios. Ningún ser creado puede sentarse en el asiento del no creado. Ninguno que exista por el pensamiento del Infinito puede esperar explicar lo que es en sí mismo lo Existente, la Causa de todos los resultados manifestados o no manifestados.

«En la primera parte del desarrollo de la nación de Atlántida, toda la comunicación fue llevada a cabo por la vibración de los sentidos externos, incluso como ahora. Tal vez las vibraciones no fueron tan intensas como en el presente. Pero en los últimos días a los instruidos se les enseña la transferencia del pensamiento.

«La educación de los jóvenes no está en la línea de la simple memorización. Tampoco es solo el despliegue de sentidos parcialmente físicos. No apela al sentido material para la construcción del alma. No esperamos que, a partir de las condiciones corporales, podamos brindar ayuda a lo espiritual. Porque sabemos que todo lo que pertenece y se encuentra a lo largo de la línea de lo físico, elevándose a la fuente más alta dentro de sí mismo no puede elevarse más allá de ese punto. Más que eso, lo físico en su forma más perfecta engendra debilidad y muerte. ¿Cómo puede haber algo más allá de esto sino debilidad y muerte?

«Esta es una de nuestras doctrinas axiomáticas. En la manifestación, simplemente vemos una ejemplificación de lo que ocurrió en el plano espiritual.

«En los días venideros, el profesor de matemáticas establecerá un axioma o una proposición, y luego irá a la pizarra, y sobre ella, apelando al sentido de la vista, demostrará en manifestación la impresión que busca hacer, del secreto funcionamiento de la fuerza que va más allá. Si es químico, traerá ante sus oyentes ciertos elementos y, a partir de las uniones de estos elementos, fuera de la separación de las condiciones, crecerán o se manifestarán, probablemente, ciertas condiciones sorprendentes. Pero lo que entonces toma lugar no es la verdad que intenta probar; es simplemente una demostración de la verdad. Tampoco el profesor de matemáticas intenta mostrarle la verdad. Simplemente tratará de demostrar que es verdad, lo que ha aprendido desde el lado físico.

«No confundas lo que no está manifestado, con lo manifestado. Lo no manifestado es la causa de todo lo manifestado. Lo manifestado existe porque lo no manifestado es su causa primordial, que llega a todas las edades. Entonces, en estos días no nos entretuvimos en demostraciones, o de ninguna manera tratamos de probar por simple manifestación la existencia de lo invisible y lo no manifestado.

«Pero el primer curso de capacitación que reciben nuestros estudiantes es una línea de fortalecimiento para su mentalidad. Si hay quienes están tan físicamente constituidos que la maquinaria de sus pensamientos, el poder del que podrían recibir la fuerza fuera de ellos mismos, es de alguna manera impropia o incompetente, primero son tratados por el pensamiento de aquellos que están a su alrededor, para llevarlos a una condición saludable, en sus términos, en el plano físico. Realmente la condición es simplemente una de armonía».

El conocimiento que ha llegado en estos últimos días, para nosotros que tenemos el placer de leer detenidamente este manuscrito, llamado de diversas maneras «la ciencia de las condiciones espirituales-ciencia mental-ciencia de la verdad-ciencia del conocimiento» -llámalo como quieras, es realmente un vistazo fugado, por alguien que fue clarividente y quien, en el desarrollo de la idea, ha manifestado la valentía del alma vieja. Es solo a estas viejas almas a las que se les confían las obras que despertarán el corazón de cada hombre que las oye. Es, sin embargo, estando ante el mundo y demostrando durante años y años lo que es la célula germinal de un conocimiento maravilloso, el despliegue a lo largo de líneas invisibles y espirituales que puede lograrse. Pero no debo olvidar decir que el privilegio de dar a conocer estas verdades, para que puedan ser comprendidas, pertenece al nacido en la Atlántida.

Si estos se paran en su lugar hoy y declaran que su conocimiento personal es verdad, hasta que se reconozca esa verdad, se han hecho un servicio por sí mismos; no importa si las nubes y la espesa oscuridad pueden encerrarlos después. Esa porción de la verdad que han presentado permanecerá por siempre y para siempre. Entonces, lo que conocemos como un asunto ocasional de sanación después de una forma milagrosa era algo que ocurría todos los días con los Antiguos Atlantes. Aquellos que se unieron con el propósito de aumentar la raza se aparearon primero, de acuerdo con el mejor conocimiento perteneciente a los astrólogos de aquellos días. Así emparejado, rara vez sucedió como uno de nuestros poetas ha cantado: «Deformado, inacabado, enviado antes de mi tiempo a este mundo que respira, apenas medio formado», era el destino de cualquiera nacido de mujer. Cuando aparecía cualquier inmadurez de este tipo, se trataba con éxito en el plano mental.

CAPÍTULO XII

LOS estudiantes se reunían en clases o pequeñas asambleas para escuchar y aprender de los Sabios. Los Sabios no se comprometieron a hablar con los sentidos físicos externos como les estoy hablando hoy, sino a través de la transferencia de pensamientos, esa condición más vigorosa y penetrante, que algún día, algunos de ustedes percibirán y conocerán, y toda esta nación, tan ampliamente Atlántica, tendrá toda la posesión. No solo se asimilaría plena y completamente el tema que se pretende enseñar, sino que se haría con más intensidad y una acción de onda más amplia en el plano del intelecto, de lo que ahora se recibe. Supongamos, como se le ha dicho, en este día, mientras escuchamos encantados, era posible impartir a una clase de estudiantes, pidiéndoles que se quedaran sentados quietos unos momentos, una demostración de las vibraciones de color, sonido u otra vibración detectada, que se encuentra justo más allá. Si yo, como profesor, y ustedes como clase, me siento escuchando ansiosamente, y les digo: «Siéntense quietos por un momento, vuelvan su conciencia hacia adentro y perciban», entonces podría mediante la fuerza del pensamiento, dirigido por mi propio pensamiento, hacer visible a ustedes la tranquilidad, la paz, la armonía que siempre tiene, y debe, atender a la visión interna: cuánto tiempo ahorrarían; cuánto mejor recordarían, que ahora, cuando tiene que formular dentro de sus propios cerebros las palabras que simbolizan las vibraciones que les transmito mal, y que ninguno de ustedes dos puede concebir o percibir exactamente igual. Este fue nuestro entrenamiento mental intelectualmente excepcional y brillante.

Quienquiera que fuera particularmente brillante, deseoso de conocer toda la verdad, cuyos ojos se volvían hacia la grandiosa torre blanca, elevándose por encima de nuestro Templo, deseando dentro de sí que algún día dentro de su sombra pudieran aprender más de estas cosas, siempre estaba seguro de tener la oportunidad. Cuando llegó este momento lleno de acontecimientos y la puerta de entrada se abrió de par en par, también surgió la obligación de llenar incluso cuando las obligaciones llegan hoy en día.

Lo que un maestro de los últimos días dijo: «Un nuevo mandamiento os doy, que os améis los unos a los otros», fue la inspiración, el pensamiento y el más intenso dictamen de aquellos que enseñaron en el Templo. Debe haber una unidad perfecta, una armonía perfecta, un amor perfecto los unos por los otros. Oh, tú que no has olvidado este último día, tú que has recordado y puesto en práctica todos los mandamientos de los «diez terribles», concernientes a lo físico, solo recordarán y practicarán el Undécimo. Entonces todo lo que podría ser necesario en la vida visible vendría.

«Busca primero el conocimiento y la potencia de lo Invisible en el reino de la Verdad y les llegará el conocimiento de todo lo demás». El conocimiento de lo físico no puede ser tan grande. Se basa en la contemplación de algunos principios básicos simples. No es tan difícil hacer oro como se podría considerar. No es tan difícil hacer otras cosas que han llegado a nuestro conocimiento. Cada paso que has escalado en el camino, que parecía tan difícil en su primera contemplación, después de que se ha logrado, se hizo más fácil con el conocimiento agregado.

Nuestros registros en piedra, contenidos en el gran tesoro de las aguas, contienen principios fundamentales encarnados como verdades establecidas, que muchas almas sinceras buscando a tientas en las líneas más altas para descubrir, darían años de sus propias vidas para saber. Algunos de estos, tarde o temprano, llegarán al conocimiento. Aquellos que desean avanzar, dedicar el tiempo necesario, hacer los sacrificios y asumir la obligación que debe descansar sobre las conciencias de todos los que son admitidos a la participación en las verdades mundiales en el ámbito de su acción, son candidatos al conocimiento y al entendimiento. Ciertamente avanzarán más allá de las puertas triples hacia los grandes misterios.

Lo que pertenecía a los atlantes como nación intelectual y moralmente era el control de todo conocimiento, excepto el que pertenecía al origen y al poder de la vida. Esto concierne al Único.

Algunos de ustedes a quienes conocí como hombres en los viejos tiempos, ahora los percibo como mujeres. Pero el espíritu que yace detrás de cada uno de ustedes es el mismo; la percepción que se ve desde los ojos es la misma percepción que se veía desde el cuerpo o el vestido que vestían entonces, hace miles de años. Oh, si ustedes los del día y generación de hoy solo pudieran entender y percibir la traición del abrazo físico, cómo el envolverse en lo físico es solo una manifestación de los procesos de realización. Si las experiencias pueden venir solo a través del cuerpo de un hombre, se necesita eso. Si el objeto de regresar a la vida solo puede lograrse a través del cuerpo de una mujer, se acepta, con su mínimo de alegría y terribles cargas de dolor y loca agonía en todos los planos. ¡El cuerpo no es nada! El alma del Ego lo es todo.

CAPÍTULO XIII

Fue una doctrina de los Atlantes que el cuerpo del físico que nos envuelve, se adapta a la necesidad del ego que lo sostiene, como una manifestación de los procesos de realización. Si el ego que regresa a la vida no puede lograr su propio desarrollo, excepto a través de una experiencia especial, integra esa experiencia en particular, si está dentro de sus posibilidades. De una época a otra, de generación en generación, lo que está detrás de todo, es siempre lo mismo. Lo que eclipsa todo es parte de la Existencia Divina, es uno con el Uno, una parte de la Existencia Divina, indivisible y siempre la misma. Este era el conocimiento primario, que se enseñaba primero en los bosques, en el medio de las rocas y las montañas; y luego en el Gran Templo construido en estas montañas. Debe recordarse que la gran parte del trabajo realizado en el Templo fue logrado por el control de los elementos o fuerzas elementales, que la Hermandad comprendió y ejerció aún en aquellos días, para el alivio del trabajo físico. De esto ustedes se han recuperado en cierto modo en este día y generación. Pero en lugar de decirle a la fuerza universal, haz esto, ustedes encadenan una parte de ella y la traen bajo una forma limitada. Estas limitaciones actúan para ustedes, trabajando incansablemente día y noche. Y así, de las condiciones y vibraciones circundantes no surgen los poderes y fuerzas de reacción que generalmente tienden al retardo físico de cualquier gran edificio o trabajo de importancia, porque están formados por los lamentos y quejidos de aquellos que trabajan en el cuerpo físico para lograrlo.

Cuando la fuerza elemental se construye, se desarrolla debido a su contundencia, y no hay nada que retrasar. En ningún sentido existe algo de qué arrepentirse o reparar. No hay lágrimas, no hay marcas de sangre en ningún lugar a lo largo de todo el trabajo. Está limpio. Se pone en movimiento y se dirige por la fuerza que se origina en la potencia del hombre creado, que se convierte así en un vínculo de conexión con la potencia de Aquel que se manifestó como el Universo.

En la parte noreste del continente había un grupo de montañas rocosas. Estas rocas llegaron muy abajo, bajo el nivel ordinario del suelo. Parecen haber sido reforzadas, aparentemente desde el mismo centro de la tierra, pero no fue así, aparentemente por los eventos futuros. Pero en cualquier caso, eran lo suficientemente fuertes como para sostener toneladas sobre toneladas de roca apilada en cualquier forma que pudiera parecer.

Entonces, primero las rocas fueron cortadas a un nivel, y una gran plaza fue despejada de este a oeste, de tal manera que tanto el sol naciente como el poniente podían verse desde cualquier parte de esta plaza. Además, la Estrella del Norte y la Cruz del Sur, cada una bajo el cielo, podían ser vistas por cualquiera que estuviera de pie sobre la Plaza La vista humana era despejada de horizonte a horizonte, en la medida en que el poder del ojo podía penetrar. Esta plaza era lo suficientemente amplia como para contener en sus confines a cada miembro de la nación de la Atlántida al mismo tiempo. Tenía muchos acres en extensión. Es maravilloso ver cuántas personas pueden pararse en un acre, solo si son armoniosas.

Esta gran plaza fue necesaria para las Convocaciones y las ceremonias anuales cuando todas las personas subían al Templo para recibir orientación e instrucción para el próximo año. Esta convocatoria fue siempre en el momento del Equinoccio de Primavera cuando el ímpetu renovado proviene tanto del vegetal como del animal.

Por lo tanto, las montañas se talaron parcialmente, dejando espacio también para la fachada que fue cavada en el interior del edificio desde el frente, y a esta excavación se añadieron estructuras adicionales de vez en cuando, para satisfacer las necesidades de la Colonia del Templo. Es decir, se construyeron alas, y se agregaron plantas adicionales, todo con respecto a la simetría del todo. Todas las habitaciones y columnatas cedieron a la unificación del conjunto, que fue la educación personal del Templo, y por medio de ellos de todo el pueblo.

En la esquina noreste, como ya mencioné, sobre los cimientos de la roca sólida, llegando a lo más profundo de la tierra, se construyó planta tras planta una torre, en la cima de esta torre se encontraba el observatorio más alto que se haya conocido en el mundo. Allí, los que eran sabios, y considerados como los mejores, después de haber pasado triunfalmente a través de las complejidades, la educación y el desarrollo de los grados inferiores, mantuvieron una guardia y vigilancia constante. Fuera de esta torre, en su parte inferior, avanzaba sobre la gran área, la pared del Templo que encierra el Gran Salón de la Convocación, y el propio Templo, y desde el Lugar Santísimo al pie de la torre, Luz, Fuerza y Vigor, en momentos de Convocación, fluyó como resultado del poder unido de Tres, Cinco, Siete, Quince y Cuarenta y cinco. Pero pasemos a una descripción más completa de la torre.

«La torre tenía 7 metros de diámetro en el punto más alto del muro. Fue construido con piedra tallada en forma de tronco de árbol, grande en su base, creciendo un poco más pequeño en diámetro, a mitad de camino, y luego ensanchándose nuevamente.

«Este modelo de la naturaleza, fue considerada la forma más fuerte. Las piedras, como he dicho, estaban bien cortadas y colocadas en un cemento peculiar, que se encuentra en la parte sur del Continente, que una vez endurecido era tan firme como la roca misma. Entonces la torre se expandió en lo alto, como si fuera una piedra sólida.

«En la parte superior, a una distancia de tres metros del suelo, en la albardilla había una cúpula esférica. Era de vidrio, y más que eso, estaba hecha de una sola pieza, tan transparente como el agua misma. A través de esto, todos los movimientos de los cuerpos celestes se podían ver y registrar desde puntos de observación convenientes, en la recámara de abajo. El piso de la sala era de mosaico, labrado en figuras, y cuando reaparezca, el que es sabio podría leer en esta, una historia de la fundación del templo, su fecha, su objeto y los propósitos a los que fue dedicado.

«En uno de los bordes se colocó un disco circular que se podía mover en el momento de la entrada o de la salida, para aquel que conociera la fuente secreta. Esto solo era conocido por los Tres, uno de los cuales estaba constantemente de servicio, asistiendo al "santo de los santos" de este Templo. Hubo otro "santo de los santos" en el gran Salón de Convocación, pero ese era el símbolo de la persona con más rango de la "Sabiduría Superior". Una era la Sabiduría Superior y la otra la Sabiduría Inferior. Sobre este suelo lleno de mosaicos se extendía para protegerla de los daños, una alfombra de lino pesado, tejida tan estrechamente que era casi invulnerable a las impresiones externas El desgaste habitual de las cosas terrenales no lo afectaba en lo más mínimo. Esto estaba estirado en todo el piso. Sobre la superficie superior de este se dibujó un círculo de toda la circunferencia de la cámara. Dentro de esta periferia se dibujaron otros tres círculos, que se unían entre sí en sus circunferencias, y cuyos centros estaban igualmente distantes del centro del gran círculo. A través de estos se dibujaron los triángulos equiláteros que se cruzan y la estrella de seis puntas. En el centro de estos círculos inscritos se colocó un asiento, uno para cada uno de los Tres. En el centro del gran círculo había un trípode sosteniendo un censor, en el cual ardía el Fuego Eterno. En sus invocaciones, cuando estaban cerca de conquistar un nuevo territorio en lo invisible, era absolutamente necesario que la potencia de los Tres se encarnara en el círculo exterior. Coordinado con este esfuerzo, la potencia de cada uno debe proteger su propio círculo particular, mientras que desde el centro era esencial flotar en el espacio, la potencia que podría convocar y conquistar. Todos estos fueron utilizados en ocasiones especiales. Estas vigilias eran nocturnas y diarias y el registro de sus observaciones se mantenía cuidadosamente. Estos tres eran hombres sabios, ya que habían subido paso a paso desde el conocimiento de las cosas terrenales y sus entornos hasta un punto en el que podían percibir todo lo que podía suceder o sucedería, no solo a la Atlántida, sino a todo el resto de este planeta.

«También habían llegado el punto en que otros suministros no eran necesarios para su ayuda, ya que, en la percepción del Derecho de Nacimiento Divino, se declararon a sí mismos como uno con la Potencia Suprema, y así actuaron, exigieron y percibieron. Esta percepción finalmente engendró orgullo de la estación, que se unió a su conocimiento, fue la causa de su derrocamiento.»

CAPÍTULO XIV

Considerando las cámaras secretas restantes, recordemos que todo el conocimiento proviene del hogar de los Grandes Dioses. El silencio donde todo lo es, eso es.

Entre la estación de los Tres y los Cinco, había un pesado suelo de mampostería, cada piedra encajaba en todas las demás, incluso una roca sólida encajaba en la roca circundante. Si todo hubiera sido una sola pieza, no podría haber sido más duradera ni más compacta. El arco de la cámara inferior era como el arco de la cámara superior. Desde la concavidad más alta del techo inferior hasta el piso de la cámara superior había 9 y 24 centímetros de pared de mampostería sólida. El arco de la cámara inferior descansaba o salía de cinco pilares en las paredes de la cámara circular. Entre cada una de estas, una pieza única de mármol, con un acabado extremadamente pulido. Una era blanca, una era negra, una era blanca, una era negra y la otra blanca. Entre las dos blancas había una banda de oro bruñido. Su arte de la preparación, después de haberse perdido durante siglos, se recuperó nuevamente en Etruria, cuyas maravillosas obras maestras son la maravilla y la gloria de la época actual. Brillaba y resplandecía, ya que solo ese metal puede responder a la mano del artesano. Estos espejos de mármol estaban orientados hacia la tierra, en un ligero ángulo, y en ellos se podía ver, como en las páginas de un libro abierto, todas las cosas que estaban sucediendo, habían sucedido o estaban a punto de suceder. Es decir, por el arte de los Sabios, estos se convirtieron en los reflectores de los Libros Astrales. Quienquiera que supiera el sistema de cifrado podía leer, pero para conocer el cifrado debía ser capaz de percibir, y ninguna persona podía ser elegida para ser miembro de los Cinco, que bajo entrenamiento no manifestase este poder de percepción. Cuando el amor del aprendizaje y el deseo de comprensión le daban a esa persona los primeros rudimentos del cifrado, entonces era transferida hasta aquí. Luego, como en una visión, se le permitía probar si podía ver y leer. Si fracasaba, era devuelta de donde venía para recibir más entrenamiento, si parecía que el don era suyo. Si no, entonces solo lo que le había sucedido era suyo como si lo hubiera soñado.

No es necesario que diga que los Cinco fueron lectores rápidos y precisos de lo que quisieran saber sus voluntades. Lo que era bueno fue percibido en los espejos blancos. Lo que era malvado u obstructor se veía en los espejos negros. Mientras la Atlántida estuviera en su mayor poder y gloria, el número se mantuvo tal como lo he descrito. Pero durante los últimos veinticinco años de la existencia del Templo en la ciudad, el extraño espejo en el blanco se había nublado de una manera singular, oscureciéndose cada vez más, hasta la destrucción final, y hoy, bajo las aguas hay tres espejos negros y dos blancos; pero cuando llegue la hora de la redención, la mancha se borrará del blanco. Una vez más habrá tres espejos blancos y dos negros. En los registros del pasado, escritos en el piso de la cámara superior, estaba esta profecía: «Cuando los tres estén completamente negros, la destrucción rápida viene al Templo y al pueblo».

Esto era bien conocido por aquellos cuya ambición debería haber llevado a cosas mejores y más elevadas, y aunque se preguntaban por el continuo cambio hacía lo peor, tan nubladas se habían vuelto sus mentes por sus ambiciones egoístas que no se habían dado cuenta de la espantosa advertencia.

Aunque la cámara era sólida y no había ventanas ni puertas, había medios de ventilación por los que entraba y salía aire fresco de esta aparente tumba. Los medios de entrada eran los mismos que los de la cámara superior. Aunque ninguna abertura se comunicaba con la luz del sol, aunque aparentemente la luz provenía de la gran cúpula, pasaba a través de la sólida mampostería, como si fuera de vidrio. Cualquier cosa que pudiera verse por la luz en la cámara superior, con su magnífica cúpula de cristal, podía verse fácilmente en la cámara de los Cinco. En el piso de esta cámara también había un registro de mosaico extremadamente fino de la nación, y de los acontecimientos ocultos de la misma. Sobre esto había una alfombra del mismo material que la anterior, y un círculo de veintidós y ocho décimos de diámetro. Dentro de este se dibujó un pentágono, trece y ocho décimas de lado. Desde el centro de cada lado del pentágono hasta el punto de contacto con el círculo, se dibujó un semicírculo. En el centro del círculo había un círculo más pequeño que tocaba todos los semicírculos, cuatro y ocho décimos de diámetro. Donde estos semicírculos se intersectaban entre sí había cuatro figuras que se asemejaban a las elipses. En el punto correspondiente al foco, el punto más alejado del centro, estaba la estación del que la oficiaba. Verás cuando dibujes estas líneas, cuán íntimamente era el poder sustentador de cada uno de los límites del gran círculo del entorno. Todos fueron limitados, apoyados y sostenidos. En el interior, el círculo más pequeño que representa con el centro, el poder del Único fue alcanzado y sostenido por el semicírculo de cada uno, y cada uno fue apoyado a su vez por el de su hermano, junto a él, a la izquierda, y por su propio poder, hasta que el círculo fue completado.

Aquí el triángulo se ha convertido en el pentágono y el símbolo de las relaciones íntimas de aquellos que son hermanos y que se llevaron a cabo plena y completamente. Toda la civilización que el mundo se jacta hoy es el resultado de las vibraciones puestas en movimiento dentro de esta notable torre de los Atlantes.

Entre las divisiones de los Tres y los Cinco había un metro de mampostería sólida. El techo estaba arqueado ya que los cielos parecen estar arqueados, y este arco estaba forrado con una aleación de plata, oro y cobre, una aleación por la que los ciudadanos del mundo darían mucho para poder imitar.

Fue pulido hasta el más alto grado de acabado, pero, por extraño que parezca, no reflejaba nada que tuviera lugar en la cámara. Estaba sostenido en su lugar por siete pilastras: una de oricalco, una de oro, una de plata, una de plomo, una de estaño, una de cobre y una de platino.

Esto se usó en lugar de mercurio, porque el mercurio no se podía retener en su lugar ni en su forma, y el platino era lo opuesto. En la placa de platino en su base, se grabaron las proporciones de la aleación utilizada en esta gran concavidad.

Siempre había sonidos que emanaban de él. A veces eran dulces y armoniosos, a veces sonoros y turbulentos; porque no reflejaba nada dentro de la cámara. Era un reflector de los sonidos de la nación y de todos aquellos con quienes tenían tratos. Estaba en contacto con todos los planetas, y era un hecho curioso que al reflejar los sonidos también reflejaba los colores de los sonidos, porque las mismas vibraciones que producen el sonido también producen color. Entonces puedes ver que en una cámara la atención se enfocaba en la labor del

Único en los Cielos, y en la siguiente cámara se podían percibir las operaciones del pensamiento del hombre en el plano astral, y en la cámara de los Siete, que ahora estamos a punto de describir, el estudio fue sobre la manifestación del pensamiento en su primera potencia. Así, en cada grado, acercándose más y más a aquellos a a aquellos de quienes se ocupaban, y debían ser su prioridad, y por encima de todo, su principal preocupación.

Esta cámara también, como las demás, estaba impregnada por la luz que no conoce ni obstrucción alguna. La luz era de igual volumen, calidad y cantidad que la que iluminaba la cámara superior, y tenía la misma peculiaridad de penetrar y dar una vista distinta. Se extendió por toda la cámara, sin tener ninguna fuente visible. Sobre este piso también se escribió en mosaico, como en las otras cámaras, una continuación de la historia y el progreso de la nación y la ciudad.

Sobre esto, también, se extendió, como en las otras cámaras, la alfombra. Sobre esta alfombra había un círculo de siete metros de diámetro. Dentro de este círculo se describió un heptágono, en el centro se dibujaron radios, por lo que cada lado del heptágono era la base de un triángulo cuyos dos radios eran los otros dos lados. Dentro de cada uno de estos triángulos se inscribió un círculo, tocando cada uno de los lados. El centro de estos círculos era la estación de uno de los Siete. Al operar, pueden mirar hacia el centro o la circunferencia, o hacia cada uno alternativamente. Pero todo lo que se hizo fue siempre con la mayor armonía y unidad de potencia.

Todavía hay una cámara más de esfuerzo potente, que es la Cámara de los Quince. La Cámara de los Cuarenta y Cinco era más una escuela de entrenamiento que un laboratorio de fuerza oculta. El espesor de la mampostería de separación era de dos metros. En el centro presentaba un cuadrado que se elevaba sobre el techo del Templo. Dentro había una habitación cuadrada con los lados enfrentados a cada uno de los puntos de la brújula. Las ventanas circulares, cada una, perforaban las paredes de los cuatro lados. El del este era rojo, el del oeste era azul, el sur amarillo y el norte blanco.

El piso estaba cubierto de baldosas y las tejas eran de un material que generaciones de desgaste no podían destruir. Y sobre estos había una lección que contenía absolutamente, de principio a fin, todo el conocimiento que el hombre alguna vez necesitaría o podría esperar alcanzar sobre la tierra. El más sabio podría leerlo parcialmente. Para los que carecían de comprensión, si lo podían descifrar, todavía era un misterio y una tontería.

Esto puede parecer imposible, pero es verdad, sin embargo, cuando el hombre aprende que todos los rayos provienen del Único, no será una tarea tan difícil encontrar el camino a la fuente y el origen de todo lo que lo desconcierta y desconcierta en la tierra. Es porque cree que hay muchos, y que las sombras y las ilusiones cambiantes son de la esencia y la calidad de lo real, que difunde su poder y desconcierta sus propias indagaciones.

En esta Cámara, en una semi-elipse había quince asientos, siete a cada lado de la piedra angular del arco. El techo también era cuadrado. En uno de los focos había un globo de cristal, del que siempre emanaba luz. En las horas de descanso, era necesario. En las horas del día, la luz del exterior impregnaba la habitación. El globo de cristal colgaba a medio camino del piso al techo sin soporte visible, balanceándose suavemente con los movimientos de las corrientes del pensamiento sobre él. En el otro foco de esta semi-elipse, tres serpientes de latón, apoyadas en sus colas y alzándose hacia arriba, sostenían en la boca un incensario en el que ardía el fuego perpetuo.

Durante el tiempo de las sesiones, el incienso y los perfumes alimentados por manos invisibles, trajeron efectos peculiares a aquellos que esperaban instrucciones y guía. Fue aquí el lugar donde, los que fueron equipados, después de entrenar en la escuela de los Cuarenta y Cinco y en espera, fueron seleccionados para la admisión con la obligación de seguir entrenando y practicando. Si cumplían su obligación, a veces podrían esperar una promoción.

Si no cumplían con su obligación, retrocedían. Siempre hubo más o menos cambios en esta cámara de prueba. De estos Quince, seleccionados de toda la nación, vinieron los Siete, los Cinco y los Tres. Tampoco se les permitió conocer los poderes que están más allá de ellos, excepto los que ocuparon la silla del Hermano Mayor, que era su líder y guía designado.

Ellos iban y venían entre la gente y eran considerados como personas de autoridad entre los habitantes del Templo. Estaban muy poco alejados de las fuerzas que yacían debajo de ellos, que controlaban total y completamente con el propósito de concentrarlos y usarlos para un poder concentrado.

Esta cámara descansaba sobre las enormes paredes del Cuarenta y Cinco por un arco pesado, cuyos bordes esféricos se unían a la roca sólida, la base reforzada del mundo, aparentemente levantada para el propósito de este apoyo.

Debajo del piso de la cámara del Cuarenta y Cinco se excavó el «Lugar Santísimo» del Gran Salón de Convocación, para que los misterios intencionados y deseados de ser comunicados, pudieran manifestarse a la gente en los tiempos y estaciones indicados. Este fue el resultado final de toda esta interconexión de la organización.

La cámara de los Cuarenta y cinco medía ocho por ocho metros, y las paredes eran de cuatro metros de espesor. Dentro de esta pared, impermeable al sonido o la impresión desde afuera, se reúnen los estudiantes de esta especialidad. La cámara estaba dispuesta de ese modo, con su elevado techo arqueado y su sólido suelo de maderas finas traída de todos los rincones de la tierra, para que las condiciones del aire puro se cumplieran por completo. Los que estaban sentados, a veces por un tiempo más corto, a veces durante días que parecían horas, escuchaban encantados lo que se les proponía. No había falta de comprensión a causa de la crudeza o de cualquier irregularidad de las condiciones físicas de armonía y paz, que todos los hombres deben tener, para estar en el punto más alto de percepción.

CAPÍTULO XV

Así que, sentados, los Cuarenta y Cinco estaban dispuestos en cuatro filas de asientos, once en cada fila, dispuestos elípticamente, de cara a un estrado elevado, sobre el que se sentaba el Hermano Mayor, durante las horas de instrucción. Las filas de asientos se levantaron una detrás de la otra, dando así una libertad de visión y percepción perfecta y sin obstrucciones a los Hermanos que se sentaban sobre ellas en el orden de sus edades. Siempre había cerca del asiento del Hermano Mayor, otro asiento, y este, vacío siempre en el sentido personal; para aquellos que podían ver en el plano psíquico, fue ocupado por un Hermano Mayor de lo Invisible, como mentor y guía, influenciando al Hermano Mayor de lo visible, para recibir cualquier cosa que pudiera ser dada por su propio conocimiento, o por su contacto más directo con lo invisible; recibiendo así de los reinos de lo Invisible lo que era necesario para la instrucción en todos y cada uno de los planos tocados por los mortales.

Una estrecha escalera estaba dispuesta en la gruesa pared, que conducía a la cámara del Cuarenta y Cinco, y una puerta corrediza, que se abría al contacto más ligero a los que se sabía serían admitidos en la cámara. Esta cámara techada y pavimentada, a los lados y en la parte superior e inferior, con madera que obtuvieron del país, luego sería conocida en los días posteriores como América del Sur, pero en ese momento era una gran isla. Era de una dureza peculiar, de color rojo oscuro, y susceptible del esmalte más brillante y duradero. Estaba tan bien ajustado que parecía una sola pieza. Los que eran los constructores controlaban la fuerza elemental, que era capaz de hacer persistentemente y de la mejor manera, lo que fuera que se hiciera. Entonces, cuando la puerta se cerró, parecía como si estuvieran en un caparazón del cual no había escapatoria posible. No hubo peligro de ningún accidente externo, excepto posiblemente un terremoto. Pero durante muchos cientos de años no se había producido ningún terremoto. Durante los muchos años siguientes, ninguno fue predicho ni siquiera por los astrólogos más sabios del Templo. La puerta por la que entraron estaba en el extremo abierto del óvalo sobre el que se colocaron los asientos. Dentro de toda la cámara, se colocaron a distancias suficientes, puntos que emanaban brillantez para proteger la vista de aquellos que estaban recibiendo instrucción para prevenir cualquier desorientación por la luz, . Cientos de hombres en los días venideros, darán varios años de sus vidas para conocer los componentes de estos puntos de luz y nunca podrán averiguarlo.

Antes de que estos hechos vuelvan a estar en posesión de los hombres, habrá quienes hayan llegado al lugar donde sus manos se cruzaron, casi sobre lo que anhelan y codician. Estas luces, sostenidas por los portadores de antorchas invisibles, podrían permanecer perfectamente estacionarias por un período de tiempo prolongado, o podían moverse ya que había necesidad de concentrar o difundir lo que daban.

A veces, con una buena vista de todo el número, surgiría algo que actuaría como un reflector de la acción del pensamiento e imaginaría el Pasado o el Futuro. Esta gran pizarra transparente, por así decirlo, para que puedas entender lo que estoy tratando de decir, se mantuvo en su lugar, o pareció disolverse bajo la voluntad de aquellos que estaban instruyendo, y si bien uno podía ver a través de ella, era una barrera impermeable a cualquier paso a través de ella; ninguna gruesa barra de bronce podría resistir con más fuerza. Si bien no había nada que atrajera el sentido de la vista, todavía existía tal fuerza que servía como una obstrucción, aunque invisible. Sobre esta sábana transparente, de un tamaño lo suficientemente grande como para llenar los veinticinco pies, elevándose como sea necesario, para acomodar lo que fuera arrojado sobre ella, fuera de las condiciones mentales de aquellos que enseñaban bajo la ley establecida por aquellos que en la Cámara más alta del Templo observaban y esperaban a través de los siglos. Entonces, en los tiempos de instrucción, el Hermano Mayor detallaba de todas formas todo lo que le venía de su propia mentalidad, o lo que se le debía dar de los registros del Pasado, o de lo que debería ser el resultado de la secuencia, en el futuro. Al mismo tiempo, demostró en esta pantalla invisible, exactamente como él describió, tanto lo que ya había ocurrido, como lo que podría ocurrir. Sí deseaba desplegar una línea de secuencia, luego, cuando hablaba de la secuencia de una manera particular, toda la compañía vería que todas las secuencias eran iguales; que todo avanzaba en la línea del Pensamiento Creativo Único, en perfecta armonía para la realización de todos los eventos en manifestación. Las cosas que parecían suceder se debían a la percepción del investigador y a la no manifestación al mismo tiempo de las peculiaridades que aparecían en el individuo a través de las cuales se construía el conocimiento.

Pero describamos una sesión: minuto a minuto, ha habido personas que entran por la puerta a la cámara, que se sostiene en la suavidad de un tenue y agradable crepúsculo, no lo suficientemente claro para la percepción, excepto a corta distancia. Estas personas se han adelantado silenciosamente y sin hablar a los asientos, donde evidentemente han sido asignados, luego, sentados, han esperado pacíficamente en silencio y en paz. Al entrar, todos han avanzado desde la puerta de entrada a través del espacio donde se llevó a cabo la manifestación, mostrando así que, al entrar, no había nada entre ellos y sus asientos.

Han pasado, y ahora todos están sentados. No hubo un solo ausente. Tal cosa como el ausentismo o tardanza en el funcionamiento del Gran Templo era desconocido. Conocían demasiado bien el maravilloso poder de la *acción continua e ininterrumpida*. La hora golpea desde una campana sonora, aparentemente en el centro de la habitación. Para el sentido personal, ninguna campana es visible.

Puede parecer extraño que los Atlánticos tuviéramos alguna idea de medir el tiempo, pero debe recordarse que no hay nada desconocido; nada que no sepa jamás ; nada que el mundo jamás reciba, que no haya sido recibido por aquellos que, ansiosos de conocimiento, no solo estaban ansiosos de entender, sino de usar. Habíamos percibido y recibido todo el conocimiento humano.

Cuando llega la hora de la manera que he descrito, el Cuarenta y Cuatro y el Hermano Mayor mirando hacia arriba, percibieron una forma de contorno tenue y borroso, ha llenado la silla del instructor que preside. Sentados en la posición de meditación, que en los últimos tiempos los egipcios copiaron en su obra del Templo, y nos dejaron constancia, en sus libros de piedra, se concentran en el pensamiento de la unidad.

Había tres puntos en los que se concentraban sucesivamente: Unidad, Armonía y Amor, ya que estos tres constituyen el No Manifestado, así se les enseñó a los que estaban en el Cuarenta y Cinco. Cuando la aceleración de lo invisible de ellos se había exaltado, ante un signo del Hermano Mayor, se pusieron de pie, y se hizo una señal que se reconoció tanto por lo visible como por lo invisible: fueron emitidas palabras repetidas que tienen potencia, fuerza y una vibración armoniosa intensa. Estas palabras fueron reforzadas por otras vibraciones que se asemejan al sonido ondulante de un gran órgano. Era una reverberación parcialmente reflejada y en parte sensible, fuera de lo Invisible por el cual recibían respuesta, y así se unificaba en el sentido y la condición del deseo, en su forma más perfecta para cualquier poder que se les pudiera dar. En esta noche de la que estoy hablando, el Hermano Mayor comenzó a describir las posibilidades de despliegue en todos los que estaban presentes; del despliegue de la condición de la Tierra; de las cosas que accionarían con fuerza bajo la forma de nubes y la oscuridad; de limitación, obstrucción y oposición, y como él describió, paso a paso, lo que podría suceder bajo ciertas circunstancias, la pantalla de material casi invisible se estremeció y brilló con las luces y sombras que pasaban sobre ella. Para aquellos que percibían solo con el ojo físico, solo había un baile de fuegos espeluznantes. Para cada uno de los que había llegado a una condición más perfecta, era posible percibir, no solo el juego de la luz, sino los diferentes colores y formas que subyacían a los colores, no solo en las imágenes de las escenas, sino también en las escenas mismas. El futuro se presentó como el Eterno Ahora. Uno de los Cuarenta y Cinco, mirando hacia adelante, sin soñar que todo lo que parecía ocurrir, estaba a punto de llegar al Futuro cercano, apenas intentando estimar el tiempo, vio entonces, cómo la Hermandad de la Sabiduría, por años, podría encontrarse a sí misma por un tiempo sin representación en la tierra; pero, bajo las obligaciones que hacen que los miembros de la Hermandad actúen, miembros existentes, estuvieran vivos o muertos, por lo que la membresía en lo invisible buscaba, deseaba y provocaba la re-manifestación y la rehabilitación. Todos los signos y puntos hechos y deseados para ser enfatizados, fueron ilustrados en nuestra pantalla. Y así, a medida que pasaba el tiempo, en lo que iba a ser el comienzo de una nueva recreación, por así decirlo, percibimos ciertas reuniones del futuro lejano que también se representaban en la pantalla. Lo recuerdo bien, porque al parecer, a medida que el recuerdo me llega del pasado, había una cierta condición de respuesta dentro de mí, no solo la veía y la sentía en mí, sino que otros también, luego entrarían en ella en ese momento, cuya presencia y ayuda recordarían el ahora, pero que luego se conocerían como días antiguos, y darían testimonio de la verdad de lo que en ese momento se describía.

No puedo contarles completamente todas los ornamentos, decoraciones y metales preciosos que adornaban esta cámara, pero pueden imaginarse que no se dejó nada de lado para convertirlo en un lugar apropiado, tanto en las condiciones de lo visible como en las potencias de lo invisible, extraído de todo el mundo para inculcar en toda su plenitud y su fuerza, la verdad de lo que será completamente verificado. Quienes ahora en la vida, conocen no solo lo inferior, sino también lo superior, perciben lo aparentemente inútil en muchos aspectos por su fuerza gobernante e impulsora, la fuerza y el poder de las épocas que lo respaldan. Todos avanzan para cumplir en el esquema completo, lo que fue establecido y diseñado para ser logrado.

Por lo tanto, las lecciones dadas a los Cuarenta y Cinco fueron en vibración sonora, a través del sentido de la vista o mediante transferencia de pensamiento. Cualquiera que haya sido el método utilizado, las vibraciones se hicieron claramente visibles para el sentido al cual fueron dirigidas. Su viveza dependía de la intensidad con la que se proyectaba el pensamiento. Pero en todo momento, durante una sesión de los Cuarenta y Cinco, hubo sombras más o menos nítidas en líneas generales, jugando sobre este maravilloso espectro.

Cuando se recibían instrucciones de los Tres, el juego de formas y colores era algo que nunca se había visto en ningún otro lugar en el mundo entero. Las reflexiones obtenidas entonces realmente han afectado al Gran Registro Astral de que los trabajos logrados se han convertido en poderosas influencias sobre el Globo. El registro de lo que estos habitantes de las cámaras secretas del Gran Templo pensaban y hacían, es un paso para llegar a ser supremamente dominante en los asuntos del mundo. A medida que el ciclo llegue a su finalización, se volverá más y más potente. El que es sabio y capaz, ha dado así un bosquejo.

CAPÍTULO XVI

He tratado hasta ahora de darte una descripción del Gran Templo de la Atlántida y de la Torre que fue una de las maravillas del mundo. Lo que estaba a la vista no era de ninguna manera todo; así como el árbol, que da fruto según su especie sobre la tierra, de ninguna manera es la parte más grande ni más importante del desarrollo orgánico. Los órganos de crecimiento y transmutación están ocultos a los ojos curiosos de los ociosos. Así que tenemos en el medio del cielo a los ángeles y espíritus de luz; en la tierra mortales tanto visibles como invisibles; debajo de la superficie de la tierra están los seres que pertenecen a las razas inferiores, que nunca han sido subyugados por los poderes espirituales de los que ostentan el poder en las cámaras superiores.

Estos seres elementales se clasificarán en los días posteriores como Salamandras, Espíritus de Agua, Gnomos, Duendes y Enanos. Son trabajadores en el Fuego, en el Agua y en la Tierra o en las Rocas. Fue en los fuegos internos de calor no registrable, que, durante los últimos días de la Atlántida, las inmensas reservas de oro y joyas, que poseía el Tesoro del Templo, se fabricaron en condiciones primordiales. En esto también se ilustró la gran ley de la Transmutación.

Cuando la Gran Torre se arrojó hacia el medio del cielo, apuntando perpetuamente hacia arriba, indicó la búsqueda constante que el hombre está haciendo en la medida de su habilidad, por la verdad, la luz y la potencia. La parte de la Torre que se hundía cada vez más en las entrañas de la Tierra, hipnotizaba los usos materiales y físicos de lo que era capaz de transmutar. También contiene dentro de sí la lección del «Descenso a la Materia»: los entornos del hombre. En lo que concierne al hombre mismo, sostenía también la doctrina de los Tres Cerebros. Para todo el mundo, tanto atlantes como extranjeros, la lección fue: «En los cielos de arriba y en la tierra de abajo, y en las aguas debajo de la tierra».

Ya se ha dicho que toda la ciudad de Atlántida se vistió de esplendor, cuya gloria nunca fue igualada. Sus edificios nunca han sido superados, ni en la simetría de su arquitectura, en el material utilizado, ni en el buen gusto de su preparación y diseños artísticos. También hubo una maravillosa exhibición de oro y joyas, en una profusión llevada al borde de la barbarie.

Estos medios para el adorno personal, también fueron utilizados por todas las personas, incluso aquellos en los senderos de la vida humilde, si se pudiera decir que la Atlántida tuvo algo así, las relaciones de pobreza y riquezas desde hace mucho tiempo habría dejado de llamar la atención de la Nación. En los últimos días fue evidente que debió ser de fácil acceso una fuente de suministro casi ilimitada. La Torre que levantó orgullosamente su cabeza en lo alto, descendió a las montañas a la misma distancia, y los sótanos y sub-sótanos fueron ocupados por seres que pertenecían a las razas inferiores, que habían sido subyugados por los poderes espirituales de los que dominaban en las cámaras superiores.

Ninguno de los no iniciados sabía con certeza lo que estaba sucediendo dentro de la montaña. Solo a los Tres se confiaba plenamente este conocimiento por los Constructores. Para ellos, hace mucho tiempo, todas las cosas materiales que los mortales consideran de algún valor, o de cualquier uso o importancia, habían dejado de ser importantes, excepto solo lo que podían adornar o embellecer el Templo o la Ciudad.

Debajo del Santuario, entrando por una puerta que se abría a una roca sólida, en la parte trasera, había un tramo de escaleras que bajaban a una cámara excavada en la roca. Afuera de esta, otra escalera conducía a una cámara similar, y otra más, y otra, y aún otra escalera y cámara.

Dentro de estas cámaras había curiosos implementos, diseñados para su uso en las operaciones de los trabajadores. Estas operaciones requieren el uso de ciertos materiales, para facilitar la manifestación y el acabado de sus trabajos. Su poder espiritual proyectado trajo de vuelta los resultados producidos por las diversas combinaciones. Muchos de estos implementos y operaciones llegarán a manos de los atlantes reencarnados, de vez en cuando, y más de ellos no se entregarán, excepto en manos de los pocos más confiables.

En el primer sótano, los Espíritus del Aire trabajaron y trabajaron arduamente, haciendo la voluntad de los Maestros.

En el segundo sótano, los Espíritus de la Tierra se movían de un lado a otro, con la intención de llevar a cabo aquello para lo cual se habían establecido.

En el tercer sótano, los Elementos cuyas formas, pero apenas revestidos de los intensos y ardientes fuegos dentro, resolvieron los diversos problemas de la metalurgia.

En el tercer sótano, el más bajo de todos, los Espíritus de la gran profundidad acuosa, modelaron todo lo que el hombre necesita y se apodera de su reino, ya sea para usarlo o adornarlo.

Grandes túneles conducían al interior de las montañas y del continente, desde cada una de estas bodegas. Los espíritus del aire por un curso en espiral, ascendieron a los puntos más altos de las montañas, y aquí se comunicaron con sus compañeros en el mundo exterior, recibiendo suministros.

El túnel de la Bodega de los Espíritus de la Tierra se abría a una parte inaccesible de la montaña, en una pequeña meseta, que estaba constantemente protegida por un impenetrable velo de niebla.

El túnel de los Espíritus de Fuego conducía bajo el continente, en diagonal, hacia los fuegos volcánicos de la Tierra.

El túnel de los Espíritus de Agua se comunicaba directamente con los mares por la ruta más corta posible.

En el centro de la montaña había una habitación en forma de cueva, que era el Tesoro del Templo. Este almacén se comunicó con los cuatro túneles, y por una entrada secreta, con el Templo mismo. No solo era el Tesoro del Templo, sino también el de la nación.

El que conocía el secreto del Tesoro se pararía en la parte posterior del Lugar Santo de Moly, a la hora del mediodía, en un día determinado del año, y observaría hasta un peculiar arreglo de los mármoles pulidos, un único rayo de luz solar arrojado desde las cámaras superiores, se reflejaría en la pared de la parte posterior. Esto solo se pudo ver cuando el observador estaba en una posición particular, y luego, solo por un período de tres minutos. Habiendo percibido esto, giró un cuarto hacia la derecha, y movió siete pasos en línea recta, luego giró hacia su posición original, dio cinco pasos más y luego giró un cuarto hacia la izquierda, tres pasos lo llevaron a una pared aparentemente en blanco, muy ornamentada. Pero para él que tenía la llave, una ligera presión sobre una joya de inmenso valor, aparentemente colocada allí para la ornamentación, abría una enorme puerta de roca, que pesaba toneladas, pero tan equilibrada que se movía fácilmente y sin ruido, y se ocultaba de la vista del santuario que estaba al frente. Entrando audazmente, tan pronto como pisó el pabellón dentro de la puerta, la gran piedra volvió a su primera posición. Podría abrirse en el interior presionando sobre una ligera proyección en la parte posterior. Trece veces trece pasos lo llevaron nuevamente a una pared en blanco, a través de un pasaje alto y arqueado, iluminado por las luces que nunca mueren producidas por la acción de tierras positivas y negativas combinadas con la roca, que emitía una luz eléctrica fosforescente, el secreto de los cuales perecieron con la nación, pero que pueden ser recuperados más tarde por los químicos, ya que aquellos que son expertos en cajas fuertes, recuperan la combinación olvidada de sus cerraduras. Una vez más, el que conocía el manantial secreto, podría abrir y pasar hacía adentro. La Cámara del Tesoro se abrió al Inspector del Templo el día del Equinoccio de Primavera, cuando el sol se ponía en el oeste.

CAPÍTULO XVII

Fue una visión lo que alcanzó su mirada, que un alma mancha-
da de avaricia nunca podría contemplar. Grandes montones de oro,
plata y aluminio, el método que utilizamos para obtenerlos, fue el
resultado de la energía eléctrica condensada, actuando a través de
imanes sobrecargados del acero más fino. En los tiempos venideros,
las fuerzas de inducción serán, por un tiempo, muy poco comprendidas. Pero llegará el día en que tendrán el mejor método de extracción
de aluminio de la arcilla original como su secreto. Estos montones
apilados de los metales nobles existían en cantidad suficiente para
durar siglos, ni su producción continuada había cesado, pero todos
los días se sumaban al creciente almacén.

Además, había montones de joyas de valor incalculable, algunas
de ellas aún calientes por el fuego de la tierra y del agua, en las que
se cristalizaban. Tanto las pulidas como las no cortadas brillaban y
resplandecían aquí en la luz que era tan llena y fuerte como en el
pasadizo.

Aquí los trabajadores en las distintas bodegas depositaban los resultados de sus labores. Desde aquí, los gobernantes civiles recibían
todo lo que necesitaban, bajo presión repentina, en su tráfico con
todas las naciones exteriores de la tierra. Pero también había en la
ciudad sus propios almacenes y tesoros de riqueza. Esto era solo lo
que pertenecía al Templo, y era el resultado del trabajo de los siervos
del Templo. En caso de necesidad, los gobernantes civiles podrían

recurrir al Templo en busca de reservas en cualquier cantidad.

Ningún ojo humano ha visto, ni ninguna lengua ha descrito la inmensidad de la riqueza que se encuentra hoy en día, en ese fuerte tesoro de la montaña bajo las olas. Hay suficiente oro en ella para destruir el valor del oro ahora en uso sobre la tierra. Pero cuando venga el día de su descubrimiento, pertenecerá a una nación, que se habrá purificado de la avaricia de tal manera que no habrá un peso kármico transferido de este tesoro a los hombros de sus buscadores.

Sobre la puerta interior que se abre en este tesoro descansa un sello. Sobre este sello se encuentra la siguiente inscripción: «La potente Voluntad del Más Poderoso guarda este tesoro a salvo, hasta que llegue el momento de la restauración. El Ángel de las aguas se encarga de ello».

Parece casi innecesario decir que las joyas y el oro fueron todos fabricados por los ocupantes de las bodegas, y que fue el reflejo de la luz Astral, en la visión de los clarividentes, lo que generó muchos creyentes fervientes en la transmutación de los metales básicos en oro y joyas.

CAPÍTULO XVIII

La forma de arreglar y convocar fue diseñada de la siguiente manera: como ya se ha dicho, el sacerdocio estaba a cargo de la educación de las personas. Algunos se adaptaban mejor a una cosa que a otra, como en la actualidad. Pero aquellos que poseían particularmente el don de comprensión y que combinaban veneración con intenso deseo por el conocimiento invisible y oculto, dondequiera que se encontraran, fueron transferidos al servicio del templo, y este fue el primer paso en la separación de la paja del trigo.

Aquellos, que, en su entrenamiento, como parte de la familia del Templo, exhibían un grado aún más alto de inteligencia y percepción fueron de nuevo reservados para los Cuarenta y Cinco, y nuevamente de la misma manera para los Quince. La selección para las cámaras superiores se realizó en el mismo orden, entre las más desarrolladas y adaptadas para realizar el trabajo. El entrenamiento de los Cuarenta y Cinco fue primero, sumisión a una guía invisible, en un grado más intenso que el de los eruditos ordinarios del Templo. Cuando llegaron al punto en que, luego de preguntarles, se esforzaron por pensar en cualquier línea que debería o pudiera desearse, su poder para la contemplación amplia e intensa había aumentado hasta que sus meditaciones se convirtieron en una segunda naturaleza.

El siguiente paso fue la concentración. Note los pasos, sumisión, meditación, concentración. Cuando se concentraba el pensamiento de manera efectiva y las vibraciones eran uniformes y persistentes, entonces se les enseñó a proyectar el pensamiento centrado que había sido la esencia de sus meditaciones. Al igual que la Unidad absoluta, Medita, como la Ideación Divina, se Concentra, como el Pensamiento Creativo, se Proyecta. Así como el habitante de la Tierra puede seguir esta línea de procedimiento, así también podrá aferrarse a la fuerza invisible y ponerla a disposición para todos los buenos propósitos.

Años de disciplina en los Cuarenta y Cinco, y aún más tarde en los Quince, hicieron que cada miembro de los Siete estuviera listo y se sintiera experto en estas labores. La perfección se llevó aún más lejos en los Cinco, donde practicaron la atracción de las vibraciones de la fuerza invisible, de cualquier tipo en alineación con su propia proyección, controlando así los poderes de los grandes nombres.

Era como si los obreros tomaran una bola de metal blando del crisol u horno, lo giraran rápidamente en el aire, hasta que hubiera asumido cierta forma, y luego lo lanzaran para cumplir su voluntad.

Pero a los Tres pertenecía a la dirección de toda la fuerza así reunida. Tampoco se permitía ninguna posibilidad de error, ni siquiera un pensamiento discordante en la mente de los Tres. Siempre estuvo determinado por el reparto de los grupos, quien debería controlar el movimiento hacia afuera de las vibraciones en cualquier Convocación, y al poder de uno de los Tres, los otros dos agregaron su potencia. Las Convocaciones regulares eran bajo la Luna Llena de cada mes. Pero las Convocaciones especiales estaban bajo la voluntad de los Tres. Cuando se deseaba una Convocación especial, la palabra dada en la última Convocación se susurraba a cada uno, desde lo Invisible, de tal manera que todos pudieran reconocer y entender el llamado.

Al final de la Convocatoria, el Hermano Mayor de cada Sección recibió del Hermano Mayor de la Sección más alta, una palabra como esta: «Myld». Este Hermano Mayor se comunicó con el sentido interno de los instruidos (nunca se habló en voz alta), como la contraseña de cierre de la sesión.

Si había una Convocatoria especial, entonces, para cada uno, salía del Silencio, la Palabra para el oído interno, y de ese modo no solo se nombraba el día, sino que se fijaba la hora, estando siempre a cierta distancia de la puesta de Sol. Si no había una Convocación especial, entonces en la próxima reunión ordinaria, cada uno de los presentes en la apertura, en sucesión y en voz baja, pronunciaba la palabra dada, de modo que la que se había dado, se recordara nuevamente.

La obra fue inaugurada formalmente en la Cámara alta por los Tres. A la primera palabra de invocación, el «Centro de Fuego» resplandeció y centelleó, y todo lo que había sido planeado o arreglado, carente de potencia fue distribuido entre las cámaras inferiores. En la cámara de los Cinco, las losas de mármol pulido reflejaban las órdenes. En la cámara de los Siete, las notas de la campana, como los tonos de una dulce armonía, contaban la historia. Pero para el oído interno entrenado del Hermano Mayor, en los Quince, como por inspiración, vino lo que era necesario hacer.

No hubo vacilación en el cumplimiento, ni timidez en la obediencia, ni demora en la acción.

La fuerza reunida de toda la nación, a cargo de los Cuarenta y Cinco, fue enviada a los Quince, y allí, intensificada, pasó a los Siete, donde, unida, solidificada y formada, la potencia proyectada fue nuevamente transmitida a los Cinco, quienes armonizaron la actividad de las potentes vibraciones con las vibraciones del Universo. Así cambiado, de lo Especial a lo Universal, fue puesto en las manos de los Tres, quienes, uniendo su fuerza en el Único, estaban listos para lanzar al espacio, con toda la atrocidad del poder, esta proyección de la potencia concentrada de una nación, por la cual realmente podrían esperar mantener y guardar todo lo que habían aprovechado.

La cuestión del entrenamiento no se puede entender por mera descripción. Solo cuando los estudiantes intentan por sí mismos someter sus condiciones mentales a la subyugación, se puede entender, cuánto tiempo lleva lograr las cosas maravillosas hechas por nuestros Hermanos Antiguos.

CAPÍTULO XIX

Aquellos que gobernaron en la Atlántida, como el sacerdocio, tuvieron éxito en guiar a la nave del Estado sabia y dichosamente, siempre y cuando consideraran los intereses de la nación entera como uno solo. Mientras dejaran de lado el sentido de separación, mientras buscaban solo la sabiduría, para que el beneficio que surgiera de ella pudiera ser utilizado en común por toda la nación, que buscaba luz y guía de ellos, todo estaba bien. Debido a que los Tres, los Cinco y los Siete, con los Quince y los Cuarenta y Cinco aún estando separados constituían una entidad única, la sola distinción que existía, para ver quién podía trabajar mejor con la potencia superior en el puesto en el que se encontraba, era satisfacer el bienestar y la ejecución perfecta, así como la adquisición del conocimiento derivado de la experiencia, lo cual traería la recompensa que siempre llega al logro.

Miraban la realización perfecta, y no el resultado, y de este deseo creció la concentración del poder en sus manos, lo que los hizo la única nación de la tierra que excedió a todos los demás en el desentrañar los misterios ocultos. Pero no era una tarea a la deriva y ociosa, sino a veces de una guerra feroz y desesperada en los dominios de lo Invisible. A medida que un punto tras otro se revelaba a sus percepciones, aquellos que guardaban las verdades ocultas, o aquellos que trabajaban de manera ignorante o malévola para confundir el entendimiento mortal, usaban todos los esfuerzos posibles para alterar, y si era posible, cortar las llaves de los principios Universales. Y pasaron muchos años, algunos siglos, antes de que hubieran comprendido el hecho de que los números armoniosamente unidos y acordados en un cierto punto único, en líneas espirituales, eran tan poderosos como las combinaciones en el plano físico, con la diferencia de que, si las condiciones espirituales alguna vez estuvieron perfectamente entrenadas y armonizadas, no podría haber deserción ni debilidad repentina, ya que la debilidad no es en ningún sentido un atributo espiritual. Mientras que un ejército u otra masa de condiciones físicas podría ser sellado en cualquier momento.

Por lo tanto, durante toda la labor, ninguno fue admitido en las asambleas secretas y separadas hasta que se lograra vencer al cuerpo y los deseo, dejando así al Espíritu un campo claro en el cual operar.

Otro punto a señalar, tan pronto como las ideas y pensamientos ocultos se desarrollaron fuertemente, esto sirvió como un imán para aquellos que estaban en las mismas líneas de pensamiento, tanto desde las esferas encarnadas, como desde otros puntos sobre la tierra, donde las lámparas iluminaban desde la antorcha Atlántica, por su reflejo inspirador, habían estimulado a aquellos que estuvieron a su alcance, a una búsqueda superior y más vigorosa. Al conocer la existencia de la Atlántida, gravitaron allí, y aquí habrían permanecido y compartido con la Atlántida el destino que la alcanzó, borrando por un tiempo de la tierra, todo el conocimiento que había antes, que no tenían aquellos, quienes en el Silencio de lo Invisible, observaron y vislumbraron al cataclismo (pero no su causa), trabajaron para esparcirse por la tierra, lo suficiente como para convertirse en la semilla y en la sal de la salvación para las generaciones que los han seguido.

En todos los movimientos del día previo, la segregación y la aglomeración llevaron inevitablemente al apremiante avance hacia el frente, sobre el desarrollo, en las nuevas líneas, a alguien que podría convertirse, bajo inspiración, en un líder. Todo estaba bien, excepto que el mundo siempre se resiente y resiste la agresividad de las nuevas ideas, con el cuchillo, el haz de leña, el andamio, y en días posteriores con la fuerza mental más sutil, aplastando, torturando y destruyendo los instrumentos o líderes.

Quienes fueron los depositarios del conocimiento por el momento, sufrieron una muerte ignominiosa. El conocimiento en sí mismo ha estado en gran peligro debido a las maquinaciones de enemigos secretos, por la erradicación total de la tierra y las percepciones de sus habitantes. Es probable que esto suceda antes de que se pueda lograr su establecimiento firme.

Este hecho fue ampliamente conocido y entendido por las fuerzas malignas. Con este conocimiento, actuaron, una y otra vez, buscando que los líderes de los movimientos ocultos se destruyeran a sí mismos o que otros los apartasen por completo.

Por lo tanto, aquellos que están encargados de este asunto, han resuelto en lugar de enseñar a los hombres a través de la lengua y el cerebro de un Brahma, o un Jesús, facilitar un lugar que debe ser provisto por una asociación de muchos soldados en uno. Pero incluso ella se enfrenta cara a cara con otro obstáculo. Ha sido esencial, que, si se preserva la verdad, la individualidad debe aumentar en su percepción y realidad ^, y en los últimos días se enfrentarán con la intensa individualidad de las personas, que están confundidas y vencidas por el sentido de separación. Aquellos que buscan estudiar en estas líneas y obtener sabiduría, deben por así decirlo, entrenar a las unidades, formadas por miembros, en una unidad o individualidad del todo y así nacerá un nuevo MESÍAS, o una nueva Verdad. Los Cristos de ese Gran Ciclo, serán una unión de muchos individuos, o una nación que se presentará como los representantes del nuevo desarrollo de la Verdad.

En el Registro de los Adeptos, hay una visión descrita como vista por uno de los Poderosos; de una imagen cuya cabeza, cuerpo y extremidades estaban hechos por diferentes metales, y los pies eran de hierro y aluminio. Cada uno de estos metales representaba una era mesiánica, una nueva Verdad y un Imperio directamente relacionado con alguna manifestación de esa verdad. Estos representarán a los líderes de las dispensaciones anteriores, y luego seguirá la visión, una piedra cortada de la montaña sin manos, que representa a una nación que se forma por sí misma, hasta que haya obtenido el MESIANISMO, y por lo tanto más poder, que eclipsará en su manifestación y dispensación todo lo que ha venido antes. TODOS los que miran hacia la luz, TODOS los que buscan desinteresadamente la sabiduría, deben, como partes constituyentes de esa nación, alcanzar tal luz, tal sabiduría; y acercándose cada vez más, como gotas de mercurio cuando se tocan, se volverán uno. Para esto trabajamos y esperamos.

CAPÍTULO XX

Entre los archivos de esa época y país ha llegado al conocimiento de nuestra generación actual, la siguiente profecía:

«Y sucederá en esos días, en que el conocimiento más elevado que jamás se haya dado al mundo, será aprovechado por unos pocos, y si se considera como legítimo y verdadero para muchos, traerá a todos aquellos que vendrán a la tierra, sabiduría, bendición y crecimiento.»

Pero también debe haber una superación de lo natural y lo físico, lo que traerá perturbación y angustia, porque lo físico no cede a la regla del Espíritu, sin mucha resistencia. Todo progreso en la carrera del alma es estimulado por el instinto del Espíritu para volver a la condición de sus primeros poderes y bienes, antes de que se haya individualizado a sí mismo del ÚNICO. No es pecado ni crimen tratar de conocer por todos los medios dentro del poder del Espíritu para comprender o emprender. Ni el ÚNICO resiente como el pecado, tales intentos. Por el contrario, pretende que quienes se han individualizado, tarde o temprano, entren en todo conocimiento. Ese es el logro perfecto. Se deberá cumplir que quienquiera que se ajuste al autoconocimiento, lo recibirá, pero quien intente captar la potencia sin estar capacitado para manejarlo, producirá serias consecuencias, y lo que ya se logró, puede ser arrebatado. No puede haber pecado para aquellos que deben tener conocimiento, aferrándose a lo más elevado en su búsqueda; pero si buscan, antes de que se preparen para captar lo que se retiene, simplemente por su propia fuerza de potencia, sin tener en cuenta el consentimiento o la ley del ÚNICO, entonces vendrán resultados nefastos, o si sucede que la nación habrá avanzado tanto que su conocimiento sería peligroso para las otras naciones del mundo, en su uso, entonces será retirado. Pero esto es cierto, que el hombre físico no tiene ningún valor, solo como agente en el cálculo de los sucesos en la tierra. Si bien podría parecerle horrible al hombre que millones de organismos dejen de existir, no habría nada en ese asunto que pudiera ser acusado en contra de los líderes. Eso era algo distinto, por sí mismo, y algo que cumplía la ley. Lo que sufrieron los líderes fue la desobediencia de la ley, que negaba a los creados la toma vigorosa del ÚNICO, cualquier conocimiento, para lo cual el adquiriente no está preparado.

Cuando el poder limitado se encuentra con la potencia Universal, no puede haber más que un problema. Así que ahora comprendan, no había pecado, sino simplemente el resultado de la ley del Universo. Incluso el intenso deseo, que podría parecer un pecado, era en cierto sentido legal, y el resultado de las causas implantadas por mismo el Pensamiento Creativo. No eran responsables, pero eran los instrumentos. Era necesario que la ley fuera probada. Siempre ha sido un dicho de los Sabios, que las cosas que parecen ser grandes desastres para los habitantes de la tierra, deben suceder, y los instrumentos deben ser utilizados para ese fin. Pero estos instrumentos de puestos en el frente, deben sufrir por lo que han provocado.

En cuanto a las perspectivas de logro. Los instrumentos de las poderosas fuerzas del Invisible evidentemente no han desarrollado la fuerza que deseamos, ni que es necesaria, para la culminación perfecta. Hasta que el entrenamiento posterior pueda desarrollar una concentración adecuada, ellos pretenden salvar y mantener tanto como sea posible lo que ya se ha obtenido.

CAPÍTULO XXI

A modo de apéndice, y para mostrar que este libro tiene sustancia autorizada para sus aseveraciones e informaciones, les damos a nuestros lectores un par de un grupo de restos de periódicos, de los últimos años.

El siguiente es el relato *Maya* de la destrucción de la Atlántida, a partir de la traducción del manuscrito de Troano del Dr. Augustus Le Plongeon:

«El año seis *Kan*, en el undécimo *Muluc*, en el mes de *Zac*, se produjeron terribles terremotos, que continuaron sin interrupción hasta el decimotercer *Chuen*. El país de las colinas de barro, la 'tierra de *Mu*' fue sacrificado. Siendo dos veces rebelde, desapareció repentinamente durante la noche, la cuenca fue continuamente sacudida por fuerzas volcánicas. Al estar confinados, estos causó que la tierra se hundiera y se levantara varias veces y en varios lugares. Por fin, la superficie cedió, y los diez países se dividieron y se dispersaron en fragmentos; incapaces de resistir la fuerza de las convulsiones sísmicas, se hundieron con sesenta y cuatro millones de habitantes, ocho mil años antes de la redacción de este libro».

El otro extracto es de uno de los edificios que reencarnaron los Atlánticos, cuando dominaron la tierra del Nilo, siglos después de la destrucción de su propio país amado: «Hace algunos meses, mientras los obreros estaban intentando restaurar la Sala Hipnótica, parcialmente caída, del gran Templo de Karnac, en Egipto, once columnas cedieron y cayeron. Esto fue hace algunos meses. Trece columnas habían caído en la antigüedad, y fue mientras se realizaban los preparativos para su restauración, que las otras cayeron, y otras tres se sacudieron tanto como para obligar a la eliminación.

«Nuestros lectores arqueológicos estarán encantados de saber que cientos de trabajadores árabes, bajo la dirección de ingenieros hábiles, se dedican ahora a restaurar esas ruinas antiguas, las más grandes y mejor conservadas de todas las que han llegado a Egipto en estos tiempos.

«Todas estas veintisiete columnas serán reconstruidas y colocadas en su posición original. El miembro más alto de cada columna pesa 1 242 000 kilos. Los arquitrabes pesan 25 000 kilos cada uno.

«Los procesos modernos de ingeniería no están a la altura de la tarea de reconstruir esta obra, por lo que un plano inclinado enorme, que requiere 100,000 metros cúbicos de tierra, a la manera de los arquitectos antiguos, se construirá y eliminará cuando el trabajo esté terminado, por lo que se espera sea completado en mayo de 1904.

«En diciembre pasado M. Legran, a cargo del trabajo, se encontró con un busto maravillosamente hermoso de uno de los dioses antiguos de Egipto. Otras partes de la estatua han salido a la luz posteriormente, y se espera que el residuo se pueda encontrar y restaurar en su totalidad, excepto, posiblemente, una pequeña pieza para completar una de las patas. Esta estatua, etiquetada Khonsu de Tebas, Dios del Día, será reconstituida en el templo reconstruido, y se espera que otros tesoros del arte antiguo sean desenterrados en el traslado remoto de los escombros de las épocas que se han acumulado en estas ruinas».

EL FIN

Discovery
Publisher

Ediciones Discovery es una editorial multimedia
cuya misión es inspirar y apoyar la transformación
personal, el crecimiento espiritual y el despertar. Con
cada título, nos esforzamos en preservar la sabiduría
esencial del autor, del instructor espiritual, del pen-
sador, del sanador y del artista visionario.

www.ingramcontent.com/pod-product-compliance
Lightning Source LLC
Chambersburg PA
CBHW020342260626
47156CB00004B/1648